Klaus-Jürgen Winkler / Gerhard Oschmann   *Das Gropius-Zimmer*

Geschichte und Rekonstruktion des
Direktorenarbeitsraumes
am Staatlichen Bauhaus in Weimar 1923/24

Bauhaus-Universität Weimar
Universitätsverlag 1999

Die Rekonstruktion
des Gropius-Zimmers wurde ermöglicht
durch die Dresdner Bank

Impressum

Klaus-Jürgen Winkler, Gerhard Oschmann
Das Gropius-Zimmer
Geschichte und Rekonstruktion des
Direktorenarbeitsraumes
am Staatlichen Bauhaus in Weimar 1923/24

Bauhaus-Universität Weimar • Universitätsverlag

Gestaltung
David Mannstein, Weimar

Redaktion „Rekonstruktion und Nachgestaltung"
Winkler, Schirmer, Mannstein

Druck
Druckerei Keßler, Weimar

Lithographie
EGLITHO, Erfurt

ISBN 3-86068-116-8
© beim Verlag
Weimar, 1999

4	Vorwort
6	Klaus-Jürgen Winkler *Geschichte und Rekonstruktionsidee*
8	Die historischen Spuren zu Planung und Ausführung
26	Zwischen Expressionismus und Funktionalismus
36	Raumgestaltungen vor und nach dem Direktorenzimmer in Weimar
38	Vom „Itten-Raum" zum „Vorraum"
46	Paraphrase über einen neuen Kosmos
58	Befunde vor Ort
74	Idee der Rekonstruktion
84	*Der rekonstruierte Raum im Bild*
90	Gerhard Oschmann *Rekonstruktion und Nachgestaltung*
118	*Biographien*
120	*Anhang*

Inhalt

Vorwort

Die Idee zum Nachbau des Gropius-Zimmers hatte zuerst das Museum of Contemporary Art Los Angeles, das mit diesem Anliegen 1996 an unserer Hochschule vorsprach. Dieser Plan, eine Nachbildung im Rahmen der Ausstellung „End of the Century" entstehen zu lassen, erwies sich aber als zu aufwendig und wurde wieder fallengelassen. Mit der umfassenden Sanierung des Hauptgebäudes, das nun 1998 als hochrangiges Objekt der Bauhausgeschichte auf die UNESCO-Liste des Weltkulturerbes gekommen war, erhielt die Bauhaus-Universität die günstige Gelegenheit, die Frage der Rekonstruktion am historischen Ort selbst aufzuwerfen. Als es aufgrund der historischen Quellen und erster Befunde wahrscheinlich schien, eine hochwertige Rekonstruktion des Raumes bewältigen zu können und als die Nutzungsfrage als Professoren-Arbeitsraum geklärt werden konnte, galt es nur noch, das Finanzierungsproblem zu lösen. Rektor Prof. Dr. Gerd Zimmermann stellte sich an die Spitze des Projektes, und es gelang ihm, die Dresdner Bank als Sponsor zu gewinnen. Dank der großzügigen Spende konnte die Ausführung noch in den Planungszeitraum der laufenden Gebäudesanierung 1999 eingeordnet werden. Die notwendigen wissenschaftlichen Vorbereitungen liefen Hand in Hand mit Herrn Michael Siebenbrodt, Kustos an den Kunstsammlungen zu Weimar. Das Restaurierungsatelier Coreon, namentlich Herr Christian Kirsten, untersuchte akribisch den Raum vor Ort. Die gewonnenen Ergebnisse stützten bis in viele Einzelheiten die folgende Ausführungsplanung. Entscheidend für die Ausführung war, daß der Architekt Gerhard Oschmann für die Rekonstruktionsaufgabe gewonnen werden konnte, der mit großer Umsicht und besonderer Sorgfalt bemüht war, den gestalterischen und handwerklichen Zielen gerecht zu werden. Innerhalb einer knappen Jahresfrist wurde in Kooperation mit den Büros van den Valentyn, Harms & Partner und dem Thüringischen Staatsbauamt, die für die Sanierung des Hauptgebäudes zuständig waren, der Raum in seiner originalen baulichen Form wiederhergerichtet und danach ausgestattet.

Die Rekonstruktion der Möbel übernahm die Gerstunger Firma Berge, den Bodenteppich webte Herr Nicola Sansó, den Türbehang fertigte Frau Anna Silberschmidt, unterstützt durch die Beratung von Frau Brigitte Schirren. Allen Gestaltern und Werkstätten (Liste vgl. Anhang) sei an dieser Stelle besonders gedankt. So war es möglich, den historischen Raum zu rekonstruieren, eine verlorengegangene Raumgestaltung zu wiederholen, die wir heute wieder mit allen Sinnen wahrnehmen können. In künstlerischer Hinsicht wurde die Aufgabe als eine Nachbildung des ehemaligen Direktorenzimmers am originalen Ort aufgefaßt, wobei es darauf ankam, den raumgestalterischen Intentionen von Walter Gropius nahezukommen.

Das Buch begleitet das Vorhaben und referiert vor allem die Arbeitsresultate der Forschung und Rekonstruktion. Der Raum wird in seinen Einzelheiten vorgestellt, wobei es auf die Gegenüberstellung von historischem Objekt und Nachbildung ankam. In kunstwissenschaftlicher Hinsicht spiegelt es die Ergebnisse der Quellenforschung, die das Objekt selbst betreffen. Beschreibungen referieren die Kunstformen. Eine Besprechung analoger zeitgenössischer Leistungen, verbunden mit stilkritischen Analysen, konnte hier allerdings nicht geleistet werden.

Die bildliche Ausstattung zur neuen Fassung im zweiten Teil ist vor allem dem Büro Oschmann zu verdanken. An der Herstellung von Grafiken und an wissenschaftlichen Recherchen waren die Studierenden Dierk Werner, Susann Vollrath und Mareile Wenzel beteiligt. Ohne die tatkräftige Unterstützung des Universitätsverlags, namentlich von Frau Dr. Heidemarie Schirmer, wäre dieses Buch wohl nicht in dieser Form zustandegekommen. Eine intensive Arbeit an der Buchgestaltung leistete zuletzt Herr David Mannstein. Ihnen allen und auch den Kolleginnen und Kollegen, die das Projekt mit Interesse und ihrem Rat begleitet haben, gebührt Dank.

Klaus-Jürgen Winkler, Weimar, im Juni 1999

Geschichte und Re

Klaus-Jürgen Winkler Geschichte und Rekonstruktionsidee

konstruktionsidee

Die historischen Spuren zu Planung und Ausführung

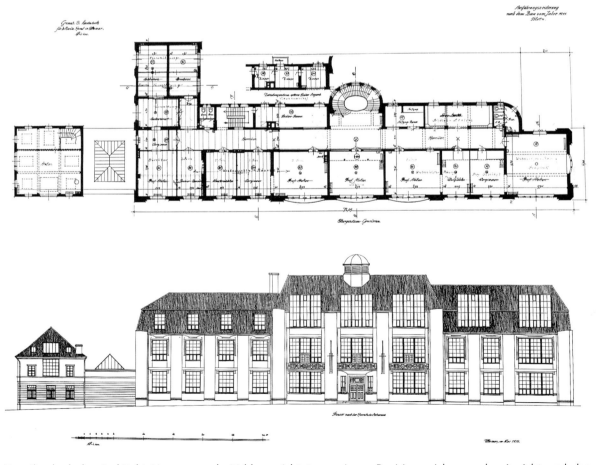

Das Gebäude der Großherzoglichen Kunsthochschule. Architekt Henry van de Velde, errichtet 1904/1911. Revisionszeichnung der Ansicht und des Grundrisses von 1912. Das Direktorenzimmer des Staatlichen Bauhauses befand sich im ersten Obergeschoß, 3. Fenster von links.

Bei der historischen Betrachtung des Direktorenzimmers stehen wir vor einem Dilemma. Aus den Publikationen des Bauhauses und ebenso aus den Werken über die Geschichte des Institutes und seiner Akteure, die bis heute nicht unerheblich dokumentiert, beschrieben und kommentiert wurde, erfahren wir recht wenig über unser Objekt. Außer den bekannten Abbildungen, die aber in keiner einschlägigen Darstellung fehlen dürfen, ist die Geschichte der Entstehung und Nutzung des Weimarer Direktorenzimmers bisher weitgehend im dunkeln verblieben. Am meisten näherten sich dem wirklichen Geschehen in ihren Arbeiten Annemarie Jaeggi[1] und auch Jehle Schulte-Strathaus.[2] Vergleichsweise sind wir durch überlieferte Akten und Abbildungen zum gleichzeitig entstandenen Ausstellungshaus Am Horn recht gut informiert. Ein befriedigendes Bild zu zeichnen würde jedem Historiker schwerfallen, denn ausgerechnet zu unserem Thema schweigt der Architekt, und es haben sich auch keine nennenswerten Bauakten und Archivalien erhalten, die direkte Auskünfte über die Anlässe, Konzeptionen und die Ausführungspraxis geben würden. So gab es für den Autor nur den Weg einer mühsamen Spurensuche und der Ausdeutung der ermittelten Fakten. Das wissenschaftliche Ergebnis, im folgenden knapp beschrieben, wird wegen dieser Quellenlage fragmentarisch bleiben müssen: Es gibt einige Mosaiksteinchen und auch viele weiße Flecken, die wir wohl niemals mehr ganz ausfüllen können.

Ein Bestandteil der Bauhaus-Ausstellung von 1923

Das Direktorenzimmer und auch der benachbarte Vorraum, der in der Legende als „Ittenraum"[3] bezeichnet wird und mit einer früheren Fassung[4] hier einbezogen wurde, sind im Zuge der großen Bauhaus-Ausstellung von 1923 geplant und ausgeführt worden. Beide Raumausstattungen waren als Objekte der öffentlichen Präsentation gedacht, sollten die komplexe Raumvorstellung und in den Exponaten die Leistungsfähigkeit der beteiligten Werkstätten vor Augen führen und so exemplarisch einen Begriff davon vermitteln, welchen programmatischen Zielen das Staatliche Bauhaus folgte. Die Raumgestaltungen waren aber nicht auf den Vorgang der Ausstellung beschränkt. Beide Räume gehörten zum Kernbereich des Direktorates im ersten Obergeschoß des ehemaligen Kunstschulgebäudes, waren dort funktionell eingebunden und erfüllten im praktischen Geschehen die ihnen zugedachten Aufgaben. Die Ausstellung bot gewiß auch wegen der vom Land Thüringen zur Verfügung gestellten materiellen Mittel[5] die Möglichkeit, eine wichtige Raumgruppe aufzuwerten und zu modernisieren. Da Walter Gropius als Bauhausdirektor offenbar selbst großen Wert auf die Ausgestaltung seines Leitungsbereiches legte – er führte

1) Jaeggi, Annemarie: Adolf Meyer. Der zweite Mann. Bauhaus-Archiv Berlin 1994, S. 443 f.
2) Jehle-Schulte Strathaus, U.: Gropius' Direktionszimmer – Bilderstrategie eines Interieurs. In: Wyss, B. (Hrsg.): Bildfälle. Die Moderne im Zwielicht. Zürich, München 1990, S. 82-87
3) Vgl. dazu Weber, Klaus: Kunstwerk – Geistwerk – Handwerk. Die Werkstätten in den ersten Jahren des Bauhauses. In: Das frühe Bauhaus und Johannes Itten, Berlin 1994, S. 228-230
4) Im April 1922 übernahm Johannes Itten auf eine entsprechende Anfrage Schlemmers im Meisterrat für die Gestaltung des Raumes die Verantwortung. Mit Schülern wollte er „etwas Gemeinsames zu Stande bringen, wobei in erster Linie die künstlerische Form maßgebend sei." Protokoll der Sitzung des Meisterrates vom 7. 4. 1922. ThHStA Weimar, BH Nr. 12
5) Der Thüringer Landtag hatte bereits im Sommer 1922 einen Kredit für „produktiv-wirtschaftliche Zwecke" in der Höhe von 2 Mio RM bewilligt. Im Mai 1923 stellte der Staat nach der Zustimmung des Thüringer Landtages 27 Mio RM sowie 19 Mio RM als reine Ausstellungskosten zur Verfügung. ThHStA Weimar. Sitzungsprotokoll des Thür. Landtages, 16. Mai 1923
6) Im Atelierraum nebenan arbeitete Adolf Meyer, der designierte Bürochef des Baubüros Gropius. Daran schloß sich der Zeichensaal an. Weitere Büroräume befanden sich am Treppenhaus im 1. OG der Südseite.
7) Wahrscheinlich sind Schreibtisch, Polstermöbel und Mäanderregale von Gropius privat in Auftrag gegeben und bezahlt worden. Nur so ist es erklärlich, daß die Objekte nicht in den Bestandslisten des Bauhauses erscheinen. Den Schreibtisch nahm er später mit in die USA; er befindet sich noch heute in seinem Wohnhaus in Lincoln/Mass.
8) Die Recherchen zur Urheberschaft und zu den Mitwirkenden brachten

keine neuen Erkenntnisse. In den Publikationen des Bauhauses wurden das Direktorenzimmer und die Einzelstücke – Beleuchtungsanlage, Schreibtisch, Sessel, Regal – unter der Autorenbenennung Walter Gropius geführt. Es ist denkbar, daß an Planung und Ausführung Mitarbeiter des Baubüros Gropius beteiligt waren. Die Mitwirkung von Adolf Meyer ist eher unwahrscheinlich, denn er hatte in dieser Zeit neben anderen Projekten die Ausführung des Ausstellungshauses Am Horn zu verantworten. Auch eine maßgebliche Beteiligung von herausragenden Schülern wie z. B. Marcel Breuer konnte nicht belegt werden. Diese Quellenlage stützt die Hypothese, daß Gropius in hohem Maße persönlich Entwurf und Ausführung getragen hat.

9) Merkwürdig ist, daß Gropius selbst außer in den bekannten Publikationen des Zimmers als Bild nie über den Raum, die Idee und die Ausführung geschrieben hat. Offenbar genügte ihm die bildliche Darstellung, die diese Idee wiedergibt.

ja gleichzeitig nebenan im Hause sein privates Baubüro[6] –, hatte er gewiß auch eigene Mittel eingesetzt, um einen Teil des Mobiliars zu finanzieren.[7] Eine günstige Konstellation für die Herstellung der Möbel ergab sich außerdem daraus, daß Gropius in dieser Zeit die Tischlereiwerkstatt als Formmeister leitete. An seiner alleinigen Autorenschaft für die raumkünstlerische Lösung des eigenen Arbeitsraumes gibt es keinen begründeten Zweifel.[8] Die bewegte und kurze Zeit, die dem Bauhaus unter Gropius in Weimar nach der Ausstellung verblieb, hatte noch eine Komplettierung und publizistische Dokumentation des Direktorenzimmers ermöglicht. Nach dem Auszug von Gropius im April 1925 war aber die Raumgruppe, gerade entstanden und nur von wenigen wahrgenommen, für die Kunstgeschichte schon wieder verlorengegangen. In diesem Rahmen sind die Entstehungsgeschichte und das Schicksal der Raumgruppe zu sehen, über die wir heute nur noch spärliche schriftliche Quellen besitzen.[9]

Eine erste Spur für die Idee des Zimmers finden wir in einer Anlage zum Meisterratsprotokoll, datiert auf den 15. September 1922. Unter den Vorschlägen, die Gropius für die geplante Bauhaus-Ausstellung zusammengestellt hatte, ist neben dem Vorschlag für den Bau eines Siedlungshauses eine Planung enthalten, die sich auf eine ständige Bauhaus-Ausstellung im Schloßmuseum bezieht. Dort sollten drei Räume ausgestaltet werden: Ein Raum enthält „eine vorbildliche Zusammenstellung von Vorkursarbeiten", der zweite „die besten Einzelstücke, die aus den Werkstätten hervorgegangen sind", „der dritte Raum wird in sich ausgebaut unter Zusammenarbeit

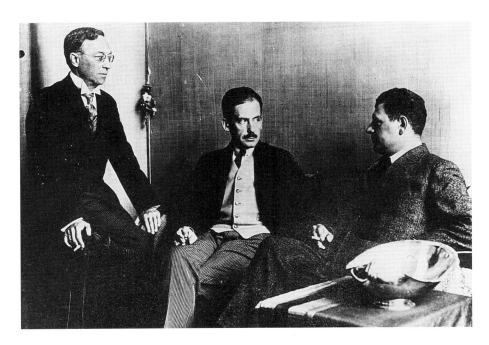

Walter Gropius, J. J. P. Oud und Wassily Kandinsky während der Bauhaus-Woche im August 1923 im Direktorenzimmer des Bauhauses. Die Einrichtung, siehe Sofa, war zu diesem Zeitpunkt noch nicht komplett.

PROGRAMM

BAUHAUSWOCHE

MITTWOCH, 15. AUG.: 11h vorm. Eröffnung im Vestibül des Bauhauses. 8h abends. W. GROPIUS: Kunst und Technik, eine neue Einheit / Vortrag mit Lichtbildern in der „Erholung" Karlsplatz 11.

DONNERSTAG, 16. AUG.: 4h nachm. W. KANDINSKY: Über synthetische Kunst / Vortrag in der „Erholung" Karlsplatz. Aufführung im „Deutschen Nationaltheater" Schlemmer, Burger, Hötsel: DAS TRIADISCHE BALLETT mit der Weimarischen Staatskapelle, 8h abends.

FREITAG, 17. AUG.: 11³⁰h vorm. J. P. OUD: Die Entwicklung der modernen Baukunst in Holland / Vortrag mit Lichtbildern in der „Erholung" / Bühnenwerkstatt des staatlichen Bauhauses: Mechanisches Kabarett. Aufführung im „Jenaer Stadttheater" F. W. Bogler, M. Breuer, O. Schlemmer, Kurt Schmidt, Joost Schmidt, K. Schwerdtfeger, G. Teltscher, A. Weininger Musik von H. H. Stuckenschmidt, 8h abends.
Zugabfahrt: ab Weimar 5³⁰, Rückfahrt: ab Jena 11³⁵.

SONNABEND, 18. AUG.: 10³⁰h vorm. Filmaufführung nach einem vom Staatlichen Bauhaus zusammengestellten Programm in Helds Lichtspieltheater, Marienstraße 1. Comenius Filmgesellschaft, Carl Koch: Erziehungsfilm und Filme der Ufa-Kulturabteilung: Mikroskopische, Zeitlupen- und Zeitrafferaufnahmen. 8h abends. Konzert im Nationaltheater. HINDEMITH, Marienlieder (Erstaufführung) Sopran: Beatrice Lauer-Kottlar, Frankfurt a. M. / am Klavier: Emma Lübbeke-Job, Frankfurt a. M. BUSONI: 6 Klavierstücke (4 Uraufführungen) am Klavier: Egon Petri, Berlin.

SONNTAG, 19. AUG.: 11h vorm. Matinee im Deutschen Nationaltheater: Leitung H. SCHERCHEN, / KRENEK: Concerto grosso / 6 Soloinstrumente und Streichorchester der Weimarischen Staatskapelle / STRAVINSKY: Die Geschichte vom Soldaten / Personen / der Vorleser: K. Ebert, Berlin; der Soldat: F. Odemar, Frankfurt a. M.; der Teufel: H. Schramm, Frankfurt a. M.; die Prinzessin: J. Petersen, Frankfurt a. M. und Mitglieder der Weimarischen Staatskapelle (7 Soloinstrumente). Wiederholung der Frankfurter-Erstaufführung.
Abends Lampionfest, Feuerwerk, 2 Reflektorische Spiele von L. Hirschfeld-Mack, Bauhauskapelle und Tanz / Treffpunkt 8³⁰ Lisztthaus, Belvedereallee. (Tanz und Aufführung in der „Armbrust" Schützengasse).

AUSSTELLUNG

1. In den Räumen des Staatlichen Bauhauses, Kunstschulstraße.

a) **Raumgestaltungen:**
Ausgestaltung des Vestibüls im Hauptgebäude: Joost Schmidt u. J. Hartwig.
Ausgestaltung des kleinen Treppenhauses: H. Bayer, Wandmalerei.
Ausgestaltung der Flure und Ausstellungsräume durch die Werkstatt für Wandmalerei.
Ausgestaltung der Durchfahrt nach der Belvedereallee: P. Keler, Wandmalerei und W. Molnár, Architekturabteilung.
Ausgestaltung des Vestibüls im Werkstattgebäude: O. Schlemmer, J. Hartwig, H. Müller; Steinbildhauerei und Wandmalerei.
Warteraum / Raumgestaltung / Versuchsarbeiten verschiedener Werkstätten. Leitung: Itten, später Albers. (Raum 26).
Arbeitsraum / Raumgestaltung / W. Gropius. (Raum 25).

b) **Erzeugnisse der Werkstätten des staatlichen Bauhauses:**
Tischlerei: Formmeister Gropius; Technischer Meister Weidensee. (Raum 45).
Holz- und Steinbildhauerei: Formmeister Schlemmer; Technischer Meister Hartwig. (Werkstattgebäude).
Wandmalerei: Formmeister Kandinsky; Technischer Meister Beberniss.. (Werkstatt der Wandmalerei).
Glaswerkstatt: Formmeister Klee; Technische Leitung Albers.
Metallwerkstatt: Formmeister Moholy-Nagy; Technischer Meister Dell. (Raum 40 und 45).
Töpferei: Formmeister Marcks; Technischer Meister Krehan. (Raum 40 und 45).
Weberei: Formmeister Muche; Technischer Meister Börner. (Raum 40 und 45).
Druckerei: Formmeister Feininger; Technischer Meister Zaubitzer. (Raum 2 und 38).
Bühnenwerkstatt: Formmeister Schreyer, später Schlemmer. (Raum 38).

c) **Theoretische Arbeiten:**
Arbeiten aus der Vorlehre Itten. (Raum 36).
Arbeiten aus d. Analytischen Naturzeichnen Kandinsky. (Raum 37).

Programmzettel zur Bauhaus-Ausstellung im Sommer 1923, 1. Seite

---

der verschiedenen Werkstätten (Tischlerei, Maler, Glasmalerei usw.)."[10] Im letzteren ist das Konzept einer komplexen Raumgestaltung zwecks Demonstration des Zusammenwirkens verschiedener Disziplinen enthalten. Daß es dabei um die Schaffung einer künstlerischen Raumeinheit gehen sollte, war ein Ziel und entsprach dem Bauhausprogramm. Mitte September hatte Gropius seine Ideen am Bauhaus in Umlauf gegeben und um weitere Vorschläge gebeten, die dann in der Meisterratssitzung vom 2. Oktober besprochen wurden.[11] Nachdem sich die Ausstellung im Schloß als nicht realistisch erwiesen hatte und die anderen Ausstellungsorte in Betracht gezogen

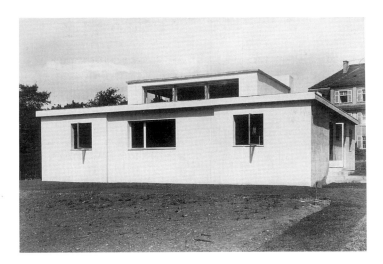

Ausstellungshaus Am Horn, Entwurf Georg Muche, Ausführung Baubüro Gropius unter Adolf Meyer. 1923

wurden – Kunstschulgebäude und Werkstattgebäude, Landesmuseum und Versuchshaus Am Horn –, übertrug man die Idee für eine Raumgestaltung auf die gegebenen räumlichen Möglichkeiten. Nach Lage der Dinge bot sich dafür der Direktionsbereich im Kunstschulgebäude an. Im Programm zur Bauhaus-Ausstellung spiegelte sich schließlich das Ergebnis wider. In den Räumen des Staatlichen Bauhauses wurden folgende „Raumgestaltungen" ausgewiesen:

Warteraum

Raumgestaltung: Versuchsarbeiten verschiedener Werkstätten. Leitung Itten, später Albers (Raum 26).

Arbeitsraum

Raumgestaltung: W. Gropius (Raum 25)[12]

Beide Räume fungierten nun als eine Raumgruppe. Die Bezeichnungen waren aber nur andere Worte für Vorraum[13] und Direktorarbeitszimmer, sicher bewußt gewählt, um einer öffentlichen Kritik an einem Ausbau zu Repräsentationszwecken keinen Anlaß zu geben. Ihre Funktion im Ausstellungsprogramm war durchaus nicht zweitrangig. Allein an diesem Ort im Gebäude demonstrierte das Bauhaus eine ganzheitliche Innengestaltung. Die Ausstellungsbesucher erreichten die Räume über das Foyer, die Haupttreppe oder das Nebentreppenhaus im ersten Obergeschoß über einen Weg, der verschiedene raumgestalterische Arbeiten präsentierte. Gemeinsam mit den Einzelausstellungen der Grundlehre und der Werkstätten, von Arbeiten der Wandmalereiwerkstatt sowie der Internationalen Architekturausstellung wurde damals im Kunstschulgebäude ein Hauptteil der Leistungsschau des Staatlichen Bauhauses dargeboten.

10) Vorschläge für die geplante Bauhaus-Ausstellung im Sommer 1923, 15. Sept. 1922. ThHStA Weimar, BH 12. Meisterratsprotokolle, Sitzung am 2. Okt. 1922, Anlage, Bl. 188
11) Ebenda
12) ThHStA Weimar, BH 29, Bl. 16. Flugblatt
13) In den Akten der Ausstellungskommission wurde immer die Bezeichnung „Vorraum" gewählt.

Ausbau und Komplettierung

Die Ausbaugeschichte der beiden Räume, die zur Ausstellungszeit im Sommer 1923 fertiggestellt sein sollten, ist unterschiedlich gewesen. Der Ittenraum war schon 1922 als „Leseraum" hergerichtet und benutzbar geworden. Mit der Blendwand vor dem Atelierfenster und dem dort eingefügten quadratischen Farbglasfenster sowie mit den Reliefgestaltungen („Vorkursarbeiten") an den Wänden und Türen waren hier Ittens Intentionen von einem künstlerischen Raum expressionistischer Prägung umgesetzt. Aus dem Jahre 1923 gibt es eine kritische Reflexion zur Raumgestaltung von Oskar Schlemmer, die auf eine sehr umstrittene, künstlerisch und praktisch unbefriedigende Fassung hinweist.[14]

Wichtige Anhaltspunkte für die Zuständigkeiten und einzelne Arbeitsschritte entnehmen wir den Akten der Ausstellungskommission. Als geradezu dramatisch und wechselhaft stellen sich mehrere Veränderungen in der Verantwortlichkeit für den Vorraum dar, während aber merkwürdigerweise zum Direktorenraum Informationen fehlen. Johannes Itten, der seit den Auseinandersetzungen um den Kurs des Bauhauses mit Gropius in Spannung lebte und seinen Weggang vorbereitete, wurde noch im vorläufigen Ausstellungsprogramm um den Jahreswechsel als Verantwortlicher für den Vorraum aufgeführt, danach ist sein Name gestrichen.[15] Im Protokoll der Versammlung am 6. Januar wird vermerkt, daß der Raum unter Leitung Ittens bereits „in Arbeit" ist.[16] In der Folgezeit wurde Herbert Bayer, damals Lehrling in der Werkstatt für Wandmalerei bei Kandinsky, mit der Leitung beauftragt. Von Februar bis April erscheint in den Protokollen Bayer weiter als Verantwortlicher, der nun auch mit der Finanzierung betraut war.[17] Ein detaillierter Kostenplan für die „Produktivbetrieb-Ausstellung" vom 5. April sah im Vorraum Möbel im Wert von 1.500.000,- RM vor, was gemessen an den Großhandelspreisen von 1913 der bescheidenen Summe von ca. 215,- RM entsprach.[18] Was Bayer hier praktisch leistete, ob er am Entwurf des Direktorenraumes beteiligt war, wissen wir nicht.[19] Nach der Besprechung der Ausstellungskommission vom 20. April wurde der Bauhausleitung vorgeschlagen, Walter Gropius und Josef Albers möchten die Leitung für den „Vorraum" übernehmen,[20] was wohl auch geschah. Es ist denkbar, daß damit der neue Direktionsbereich gemeint war. Dieser Zeitpunkt könnte als Einstieg in die Ausführungsplanung für beide Räume gelten. Damit blieben für Projekt und Ausführung nur noch die kurze Frist von 3½ Monaten bis zur Ausstellungseröffnung. Zu welchen Anteilen Gropius am Vorraum mitwirkte, gibt es keine direkten Hinweise. Gewiß ist aber, daß er den Einbau der eingezogenen Decke veranlaßt hatte, die dem Raum andere Proportionen gab und die Vorraumsituation

14) „Was Itten hinterläßt, was er machen durfte, ein Raum, gemacht mit Schülern, ist ein Curriosum, ein mißglückter Versuch. Vielgliedrige in dem Raum stehende Plastiken, staubfangend-unhygienisch. Ein Glasfenster, das den Leseraum, der er sein soll, in ein dickrosa Licht setzt, bei dem ´buchstäblich´ nicht gelesen werden kann, es sei denn, man macht das Fenster auf. Ein Bodenteppich, in so greller schwarz-weiß-Wirkung, daß er unbegehbar ist, muß nun gehängt werden. Eine Türklinke, die schon mehr blutige Finger setzte als offene Türen." Brief Oskar Schlemmers an Otto Meyer-Amden, o. D. (Anfang Juni 1923). Mschr. Abschrift am Bauhaus-Archiv. Zit. nach Weber, K., in: Das frühe Bauhaus und Johannes Itten, Berlin 1994, S. 229

15) Im Programm zur Ausstellung des Staatlichen Bauhauses (o. D., Jahresende 1922) heißt es: „5. Vorraum, Architektonische Versuchsarbeiten verschiedener Werkstätten im Raum, Leitung Itten." ThHStA Weimar, BH 30, Bl. 140. In der Akte der Ausstellungskommission ist im selben Text „Leitung Itten" gestrichen. BH Nr. 35, Bl. 24

16) ThHStA Weimar, BH 35, Bl. 44

17) Protokoll zur Ausstellungsbesprechung am 28. Februar 1923. Ebenda, Bl. 41, Bl. 62

18) Kostenaufstellung vom 7. April. Ebenda, BH 31, Bl. 89

19) Es ist aber wenig wahrscheinlich, daß Bayer in dieser Funktion an der Planung des Direktorenzimmers beteiligt war. Als Indiz könnte die isometrische Zeichnung des Raumes gelten. Diese entstand aber vermutlich erst nach Vorgaben von Gropius spätestens im Juli 1923, denn sie wurde als Druckvorlage des Bauhaus-Buches verwendet und auch in der Internationalen Architekturausstellung gezeigt.

20) Schreiben der Ausstellungskommission an die Bauhausdirektion, 23. April 1933. ThHStA Weimar, BH 35, Bl. 93

verbesserte.²¹ Alle Möbel im Vorraum, vielleicht auch die Soffittenleuchte(n),²² entwarf und baute Albers. Er hatte damals seine Ausbildungszeit beendet und übernahm den Lehrauftrag für Werklehre sowie die Leitung der Glasmalereiwerkstatt.

Eine Leitungsentscheidung bereitete den Ausbau des Direktorenraumes vor: Am 8. März 1923 ordnete Gropius einen mehrfachen Umzug im Direktions- und Verwaltungsbereich des Bauhauses an. Mit dieser Aktion wurde erst die erforderliche Raumordnung geschaffen, die nun auch den Raum 25 als neues Direktorenarbeitszimmer bestimmte und den Freizug veranlaßte. Der Architekt Adolf Meyer zog von dort in den westlich benachbarten Raum, und Gropius verließ den traditionellen Direktorenraum am östlichen Flur, der jetzt in eine Bibliothek umgewandelt wurde. Der ehemalige Leseraum unter dem Oberlichtsaal sollte jetzt vom Syndikus Emil Lange bezogen werden.²³ Dieser Umzug von Gropius in den Raum 25 bedeutete, daß in der Folgezeit die Ausbauarbeiten im offiziellen Direktionszimmer ausgeführt werden mußten, wenn nicht eine andere praktikable Zwischenlösung für den Arbeitsplatz des Bauhaus-Direktors gefunden wurde.

Die Umzugsaktion wurde bald begleitet von mehreren Baumaßnahmen, die auf Vorschlag des Bauhauses die Bauabteilung des Thüringer Finanzministeriums veranlaßte. Am 4. April legte das Bauhaus einen Plan vor, der den Einbau einer Trennwand und einen Türdurchbruch im Bereich der ehemaligen Bibliothek vorsah, um die Räume für Buchhaltung und Syndikus besser zu ordnen. Die ehemalige Tür vom alten Direktorenzimmer zum Sekretariat sollte vermauert, eine Tür an anderer Stelle durchbrochen werden. Vor dem Sekretariat, am Ende des Ganges, war eine Korridorglaswand mit einer neuen Eingangstür vorgesehen.²⁴ Über Baurat Zipffel wurde am 29. Mai der Auftrag für eine Bausumme von 3.009.000 RM erteilt, mit dem Vermerk, ihn „alsbald anschlaggemäß ausführen zu lassen".²⁵ Etwa in dieser Zeit fanden zwei wichtige bauliche Maßnahmen statt: Der Einbau einer Unterdecke im Vorraum, wodurch die südliche Deckenhälfte um 1,10 m abgesenkt wurde, und die Errichtung der raumhohen Trennwand im Direktorenzimmer, die präzise den Raumkubus ausgrenzt. Während der offizielle Umbau in den Akten vermerkt ist, gibt es über die anderen Aktivitäten keinen Nachweis. Es ist wahrscheinlich, daß diese Veränderungen Gropius illegal oder verdeckt in Absprache mit den Ministerien durchführen ließ, um den Gegnern keine Angriffspunkte zu bieten.²⁶ Unbekannt ist auch, woher die finanziellen Mittel kamen und wer mit der baulichen Ausführung beauftragt war.

Mit der Verlegung des Direktorenzimmers in Raum 25 waren nicht nur Vorteile verbunden, denn die „Abschnürung" vom Sekretariat brachte erhebliche funktionelle

21) Vgl. Zeichnung Kreisamt, Abt. Bauverwaltung vom Nov. 1930. Archiv des Bauaufsichtsamtes Weimar. Pläne Kunsthochschule

22) Aufschrift auf dem Foto im Bauhaus-Album – „Albers", Bildunterschrift aber „Gropius"

23) „Nachdem Raum 35 freigemacht ist, räumt Atelier Gropius Raum 24 und bezieht 35. Danach rückt Architekt Meyer aus Raum 25 in Raum 24. Darauf rückt Gropius aus Raum 30 in Raum 25. Darauf wird die Bibliothek von 31 nach 30 verlegt ... Frau Ackermann bzw. Frl. Weidner Raum 27. Leseraum (29) bleibt bis zur Fertigstellung von Raum 26 bestehen und wird nach dieser Fertigstellung von Lange bezogen ... gez. Gropius." ThHStA Weimar, BH Nr. 75, Bl. 41

24) Diese Veränderungen sind bis auf die Korridorglaswand heute noch nachweisbar. Bauhaus an das Thür. Finanzministerium, 4. April 1923 sowie Kostenanschlag vom 24. Mai 1923. ThHStA Weimar, Thür. Finanzministerium, Nr. 3744, Bl. 82 u. Bl. 84ff.

25) Thür. Finanzministerium an Baurat Zipffel, 29. Mai 1923. In: Ebenda

26) Weder in den ministeriellen Akten noch in der Dokumentation bei der Staatlichen Bauaufsicht gibt es dazu Informationen. In der Planzeichnung zum Zimmer 26 vom Thür. Kreisamt, Abt. Bauverwaltung, Nov. 1930, die eine Entfernung der Wandgestaltungen aus dem ehemaligen Vorraum vermerkte, steht, daß Gropius den Einbau der Decke illegal veranlaßt hätte. Original in: Vgl. Anm. 21

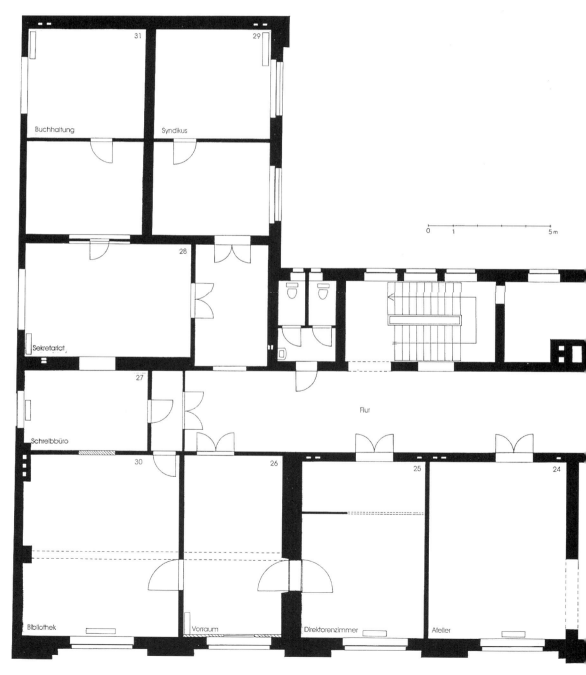

Teilgrundriß des ersten Obergeschosses des Kunstschulgebäudes. Eingetragen ist die Raumsituation nach dem Umzug vom März 1923 und dem Ausbau der Räume 25 und 26 zum Vorraum und Direktorenzimmer.

Nachteile. Die Sekretärin war für den Direktor nicht mehr unmittelbar über den Nebenraum erreichbar. Besucher mußten das „Hindernis" Sekretariat über zwei Türen vom Flur aus nehmen, bevor sie auf dem Rückweg über den Vorraum vorgelassen werden konnten. Immerhin gab es, neben dem öffentlichen Fernsprecher, eine moderne Telefonanlage, die es Gropius ermöglichte, das Sekretariat und mehrere andere Nebenstellen im Hause anzuwählen. So gehörte die neue Technik offensichtlich zu den stützenden Faktoren dieser Planung. Die Entscheidung für den Raum 25 als Direktorenzimmer erscheint nicht plausibel, wenn man berücksichtigt, daß die Lage des Raumes im Gefüge der Raumorganisation nur Nachteile brachte und daß das ehemalige Büro in der effektiven Nutzfläche sogar noch größer war. Eine Planung nach solchen funktionalen Kriterien hätte den Umzug vielleicht sogar ausgeschlossen. Der Hauptgrund lag offensichtlich in der Gestaltbarkeit des Raumes und im zu erwartenden ästhetischen Resultat. Vielleicht war es so: Als Gropius entdeckt hatte, daß die Raumkubatur leicht in einen Würfel von 5,0 x 5,0 x 5,0 m umgestaltet werden konnte, als er günstige formale Beziehungen aus der Asymmetrie des Fensters und des Raumzuschnitts im Sinne der Würfelgeometrie festgestellt hatte, war eine überzeugende Planungsidee gefunden, der alle anderen Überlegungen zu einer komplexen Ausstattung zugeordnet werden konnten. Dabei war es durchaus ein Vorteil, daß Itten begonnen hatte, den Nebenraum umzugestalten. Über die neue Anbindung war ein repräsentativer Warteraum vorhanden, der nun auch Ausstellungszwecken dienen konnte.

Für den weiteren Bauablauf kann man annehmen, daß die beiden Räume in paralleler Beziehung zum Ausbau des Ausstellungshauses Am Horn entstanden, das in den Sommermonaten bis 15. August 1923 fertiggestellt wurde. Es ist wahrscheinlich, daß Baufirmen zu beiden Objekten herangezogen und Kapazitäten übernommen wurden. So zeichnete die Berliner AEG, Außenstelle Erfurt, für den Einbau der Soffittenleuchten im Ausstellungshaus verantwortlich;[27] es liegt nahe, daß Gropius die beiden Beleuchtungsanlagen im Vorraum und im Direktionszimmer mit ihrer Hilfe installieren ließ. Auch der Einbau neuer Kupferleitungen könnte in diesem Zusammenhang gesehen werden.[28] Welche Firmen die anderen Bauleistungen, die Putz- und Zimmererarbeiten erbrachten, konnten wir heute nicht mehr in Erfahrung bringen. Mitte Juli 1923 waren offenbar alle Bauarbeiten soweit abgeschlossen, daß die Ausmalung des Direktorenzimmers begonnen werden konnte. Am 23. Juli berichtete der Leiter der Wandmalereiwerkstatt Heinrich Beberniss, daß, neben anderen Aufträgen, auch der „Raum für Herrn Gropius" fertiggestellt wurde.[29] Wer daran beteiligt war, ist nicht vermerkt. Es ist möglich, daß auch künstlerische Impulse für die Farbgestaltung aus dieser Werkstatt kamen, die

27) Firmenliste Ausstellungshaus Am Horn. In: Meyer, A.: Ein Versuchshaus des Bauhauses in Weimar, München 1925 (Bauhausbücher 3)
28) Zur Bauhaus-Zeit sind im Gropius-Zimmer Unterputzleitungen erneuert worden, während lt. Bauforschung die Elektroerneuerung im gesamten Gebäude erst um 1925 erfolgte. Dokumentation Restaurierungsatelier COREON, S. 113
29) Monatsbericht der Wandmalereiwerkstatt. Beberniss, 23. Juli. 1923 ThHStA Weimar, BH 177, Bl. 10
30) Die Wandmalereiwerkstatt, die Kandinsky als Formmeister und Beberniss als Handwerksmeister leiteten, zählte damals 10 Lehrlinge und Gesellen. Es ist wahrscheinlich, daß Gropius das Farbkonzept selbst bestimmt hatte.

Wassily Kandinsky als Formmeister leitete; hier aber eine andere künstlerische Urheberschaft als Gropius zu vermuten, erscheint unbegründet.[30] Auch die Metallwerkstatt war beteiligt. Handwerksmeister Christian Dell berichtet am 4. Juli 1923: „Den nach Zeichnung bestellten Türgr(iff) für den Raum Gropius habe ich angefertigt und abgeliefert."[31] Etwa gleichzeitig knüpfte die erfahrene Weberin Benita Otte den Fußbodenteppich, den Gropius für die Raummaße 3,15 x 3,15 m bestellt hatte.[32] Ein geeigneter gewebter Wandbehang, der für die Türgröße paßte, wurde aus dem Bestand der Webereiwerkstatt ausgewählt. Die Entscheidung fiel auf den seidenen Wandbehang von Else Mögelin, ebenfalls eine begabte und qualifizierte Gestalterin, die ihn am Ende ihres Bauhausstudiums wohl im Wintersemester 1922/23 gefertigt hatte.[33] In dieser intensiven Arbeitsphase war die Herstellung einiger Möbel sowie der Bezugs- und Vorhangstoffe an den jeweiligen Bauhaus-Werkstätten nach den Entwürfen von Gropius in vollem Gange.[34] Offenbar genügte aber die Kapazität der Werkstattproduktion in der Tischlerei nicht, um termingemäß zur Ausstellungseröffnung die bestellten Gegenstände liefern zu können. Die Gesellen und Lehrlinge, verstärkt durch weitere bezahlte Arbeitskräfte, arbeiteten mit höchster Intensität. Vorrang hatte offenbar die Ausstattung für das Ausstellungshaus, für die alle Kräfte gebraucht wurden.[35] Aus diesem Grunde konnte zur Ausstellung im August 1923 das Zimmer noch nicht komplett übergeben werden, so wie es Gropius entworfen und Bayer in der Isometrie gezeichnet hatte. Ausgeführt und plaziert waren die Beleuchtungsanlage, die Trennwand, die Tür, der Schreibtisch, ein gelber Sessel, ein Mäander-Regal, der Otte-Teppich und der Mögelin-Wandbehang.[36] Es fehlten das zweite Mäanderregal, das große Eckregal, das Sofa und vermutlich auch der zweite gelbe Sessel sowie der kleine Tisch. Wie der Raum im einzelnen möbliert war, ob er als Büroraum in Gebrauch genommen werden konnte, welchen Arbeitsstuhl Gropius damals verwendet hatte, wissen wir nicht. Auch die später aufgestellten Jucker/Wagenfeld-Leuchten gab es in dieser Zeit noch nicht; sie wurden erst ab April 1924 in Kleinserien gefertigt. Der Raum, der ja für eine ganzheitliche Wirkung berechnet war und nur in seiner kompletten statuarischen Komposition Vollkommenheit ausstrahlen konnte, erschien somit fragmentarisch und mußte bei den Besuchern den Eindruck des Unfertigen hinterlassen.

Der Vorraum war durch die konstruktivistischen Möbel von Albers und die Soffittenleuchte(n) zur Ausstellung einigermaßen vervollständigt worden.[37] Raumbildende Stuckmäander und Reliefs schmückten die Wände. Eine eigenwillige Gestaltung bestimmte den Raumcharakter, den man nach traditionellen Wahrnehmungsmustern kaum als harmonisch bezeichnen konnte.

31) Monatsbericht der Metallwerkstatt. Dell, 4. Juli 1923. ThHStA Weimar, BH 176, Bl. 9
32) Der Teppich für das Direktorenzimmer ist in den Bauhaus-Alben, Bauhaus-Universität Weimar, sowie in Neue Werkstattarbeiten des Bauhauses, München 1925, abgebildet und mit seinen Maßen verzeichnet.
33) Vgl. Manuskript Else Mögelin: Mein Weg zur Bildweberei, maschschr. Kopie, 16. Sept. 1974. BHA Berlin. „Ich hatte am Schluß meiner Bauhauszeit einen etwa Tür großen weißen Seidenbehang gewebt, mit eingelegten Linien und Rechtecken in zarten gold, lichtrot und gelb. Alle fanden ihn schön, nur Meister Muche ließ ihn liegen. Da das Material sehr teuer war, konnte ich ihn nicht selbst kaufen. Als ich Jahre später, zusammen mit den Lehrern der Werkschule für gestaltende Kunst in Stettin, deren Textilklasse ich seit 1927 leitete, in Dessau war, sah ich zu meiner Freude diese Weberei über die Tür von Gropius Arbeitszimmer gespannt. Er war sehr erstaunt, daß diese Weberei von mir war und konnte nicht begreifen, daß sich weder Meister Muche noch Frl. Börner entsinnen wollten, wer es gemacht hat !! Im Bauhausbuch ist sie abgebildet."(Gemeint ist: Werkstattarbeiten des Bauhauses, Müchen 1925, Abbildung Direktorenzimmer). Der Wandbehang entstand demnach nicht zum Zwecke der Ausgestaltung dieses Zimmers, also nach einer konzeptionellen Vorgabe, sondern wurde wegen des geeigneten Dessins und auch aus Formatgründen ausgewählt.
34) In den späteren Publikationen von Gropius und seinem Kreis wird behauptet, daß alle Gegenstände im Direktorenzimmer in den Bauhaus-Werkstätten gefertigt wurden und auf Entwürfe von Gropius zurückgehen: Bayer, Herbert, Ise u. Walter Gropius (Hrsg.): Bauhaus 1919-28. New York 1938; Wingler, Hans M.: Das Bauhaus. Bramsche 1962; 50 Jahre Bauhaus, Katalog, Stuttgart 1968. In den vorhanden Bauhausakten gibt es aber dazu kaum Informationen, und der Beweis

dazu kann nur noch in wenigen Fällen geführt werden. So läßt sich nicht mehr ermitteln, wann und von wem die einzelnen Möbelstücke hergestellt wurden. Die Qualität der Ausführung des Schreibtischs weist aber eher auf eine Lehrlingsarbeit als auf ein Meisterstück hin.

35) Dies belegen die Werkstattberichte aus diesen Monaten. Alle Objekte im Ausstellungshaus und die Bearbeiter wurden genannt, der Arbeitsstand ist präzise nachgewiesen. So arbeiteten in der Werkstatt im April 1 Meister, 2 Gesellen und 10 Lehrlinge. 17 Objekte wurden präzise aufgeführt. Es fehlen in Brendels Berichten vom Februar bis Juni aber alle Eintragungen zu den Möbeln im Direktorenzimmer und zum Nebenraum. Vielleicht wollte Gropius wegen drohender Revisionen vermeiden, daß diese Arbeiten in den Akten vermerkt wurden. Die Berichte für Juli und August fehlen. ThHStA Weimar, BH Nr. 174, Bl. 6, Bl. 9-13

36) Diese Rekonstruktion ist mit größter Sicherheit aus der Bildserie der Staatlichen Bildstelle Berlin möglich, die während oder kurz nach der Ausstellung angefertigt wurde, sowie aus einer weiteren Serie, die der Fotograf Huettich-Oemler aus Weimar im Direktorenzimmer etwa zeitgleich angefertigt hatte. Bauhaus-Universität, Bauhaus-Bildarchiv, Bauhaus-Alben

37) Im Buch Neue Arbeiten der Bauhauswerkstätten, München 1925, werden „Einrichtungen des Direktions-Warteraumes" von Albers abgebildet: Zeitschriften und Notenregal, Ausstellungsschrank, Wandklappstühle, Sitzungstisch, alles mit 1923 datiert. Die Soffittenleuchte(n) in Würfelform erscheint auf einem Foto in den Bauhaus-Alben der Bauhaus-Universität Weimar. Fotoaufschrift: J. Albers, aber spätere Bildunterschrift: W. Gropius

38) Staatliches Bauhaus in Weimar 1919-1923. Katalog-Buch zur Bauhaus-Ausstellung 1923, Bauhaus-Verlag Weimar-München o. J. (1923), S. 177

Zur Ausstellung war die hervorragend aufgemachte Bauhaus-Publikation erschienen, die auch die isometrische Zeichnung des Direktorenzimmers von Herbert Bayer farbig wiedergab.[38] Die originale Zeichnung wurde im Rahmen der Internationalen Architekturausstellung, die Gropius organisiert hatte, im Kunstschulgebäude gezeigt. Viel stärker als der unfertige Direktorenraum sprach diese Veröffentlichung von den architektonischen Vorstellungen des Entwurfsverfassers.

Weberei des Staatlichen Bauhauses im ersten Obergeschoß des Werkstattgebäudes. Foto ca. 1923/24

Tischlereiwerkstatt im ersten Obergeschoß des Werkstattgebäudes. Foto ca. 1923/24

Pressereflexionen 1923

Die Spiegelung der Raumgestaltungen in der Presse zur Bauhaus-Ausstellung fiel vergleichsweise schwach aus. Viel stärker wurden die in den Räumen präsentierten Werkstattarbeiten und vor allem das Versuchshaus wegen seine Architektur und Ausstattung besprochen. In vielen Berichten fanden die beiden Räume nicht einmal Erwähnung.

Ein Artikel von Heinrich Apfelstedt im *Apoldaer Tageblatt* drückt die naive Begeisterung für das Neuartige aus:
„Größtmögliche Einfachheit und Geradlinigkeit bei vollstem Ausdruck der Idee, des Zweckes, machen die Arbeiten im Haus am Horn zu Dingen, die wir Menschen von 1923 als unserem Wesen entsprechend empfinden können. Formen und Farben aller ausgestellten Gegenstände – auch in den Räumen der Kunstschulstraße – atmen schönste Reinheit."[39] Das Direktorenzimmer könnte er damit einbezogen haben.

Der Publizist Dr. Passarge berichtete im *Cicerone* über die Ausstellung, die er „als ein künstlerisches und kulturelles Ereignis ersten Ranges" bezeichnete. Nach der Beschreibung der Hauptabteilung folgt der Satz: „Ein von Gropius entworfener Arbeitsraum ist leider noch unfertig."[40] In einem Artikel für das *Kunstblatt* führte er den Gedanken etwas weiter aus: „Schließlich muß der schöne, leider unvollendete Arbeitsraum von W. Gropius genannt werden. Bemerkenswert sind die Versuche, zu einer neuen Form der Beleuchtungskörper zu kommen."[41]

Zu den kritischen Stimmen der Befürworter des Bauhauses gehörte der Kunst- und Literaturhistoriker Bruno Adler, der in der Jenaer Zeitung *Das Volk* über die Architektur der Bauhaus-Ausstellung schrieb: „Das Bauhaus als solches tritt mit dieser Ausstellung mit einer architektonischen Leistung nicht hervor. Das ist durchaus kein Vorwurf. Vielleicht hätte es besser daran getan, zu warten, bis eine solche Leistung möglich sein wird. Es hat wohl das Kunstschulgebäude hergerichtet, aber mit Erfolg konnte da nur wenig geleistet werden. Denn der Raum war ja gegeben und es blieb also nur die überaus problematische Aufgabe, den gegebenen Raum – wie der unleidlich moderne Jargon es ausdrückt – ‚zu gestalten'. Anders lag die Sache bei dem Einfamilienhaus am Horn, aber auch dort kann man nicht eigentlich von einer kollektiven Leistung des Bauhauses sprechen. Ein ‚gestaltetes' Zimmer im ersten Stock ist über das Stadium des Gewollten nicht hinausgekommen und lehrt klar, daß diese Willensrichtung in die Irre führt. Der Versuch, an sich im höchsten Sinne interessant, mußte einmal gemacht werden, wenn auch nur um dieser Lehre willen."[42] Die Richtung dieser Kritik wird klarer, wenn man die Argumente zur Einschätzung

39) Bauhausausstellung 1923. In: Apoldaer Tageblatt vom 18. August 1923
40) Cicerone, Berlin (1923) H. 16. Zit. nach: Pressestimmen für das Bauhaus, Weimar 1924
41) Die Ausstellung des Staatlichen Bauhauses in Weimar. In: Das Kunstblatt, Potsdam 7 (1923), S.309 ff.
42) In: Das Volk. Jena, 27. September 1923. Artikel autorisiert mit B. A.
43) Ebenda. Adler schrieb sarkastisch: Das Haus Am Horn „ist für Millionäre – für Goldmarkmillionäre bestimmt".

des Versuchshauses in den weiteren Ausführungen mit heranzieht. Adler behauptete dazu: Die Zweckidee, die Schwärmerei für die Konstruktion wurde überspitzt. Nun sei das Haus – der Raum – „nicht mehr ein Mittel für den Menschen, auf daß er wohne, sondern es hat sich selbstherrlich etabliert: der Zweck an sich wird geheiligt." Im übertragenen Sinne wäre das Direktorenzimmer demnach ein ähnliches Kultobjekt. Der zweite Aspekt berührt die soziale Frage, die Adler sehr scharf ansprach. Angesichts dringend zu lösender Wohnungsprobleme konnte aus sozialdemokratischer Sicht die repräsentative Ästhetik eines Direktionszimmers kein akzeptables Thema für eine zeitgemäße Gestaltungsaufgabe sein.[43]

Viele öffentliche Äußerungen zur Bauhaus-Ausstellung standen so auch in mittelbarer Beziehung zu den Raumgestaltungen im Kunstschulgebäude. Zwischen der Begeisterung für das Neue und der Abwertung der Bauhausbestrebungen durch die Gegner lag die Kritik an der Architekturkonzeption, die im Spannungsfeld zwischen Form und Funktion die Argumente suchte und so den weiteren Klärungsprozeß in der modernen Bewegung vorantrieb. Nur in bescheidenem Maße wurden die Raumgestaltungen wahrgenommen. Wie bedeutsam stellte dagegen die spätere Bauhausrezeption den Direktorenraum heraus!

Eingang an der Belvederer Allee, Bauhaus-Ausstellung 1923

Foto des Direktorenzimmers etwa zum Jahresende 1924. Rechts das gleiche Foto nach Retusche und Colorierung durch Dr. von Löbbecke u. Co. Erfurt. Publiziert in „Neue Arbeiten der Bauhauswerkstätten", München 1925

Komplettierung und Abbau

Nach der Bauhaus-Ausstellung wurde weiter an der Vervollständigung der Zimmereinrichtung gearbeitet. Im Oktober 1923 begann in der Tischlerei der Etatgeselle Gerhard Mitter zwei Regale für den „Raum Gropius" zu bauen, die er bis Anfang Dezember fertigstellte.[44] Das große Eckregal und wahrscheinlich auch das zweite Mäander-Regal komplettierten somit den Raum.[45] Im Oktober 1923 hatte in der Webereiwerkstatt die Tarifarbeiterin Sommer den Möbelstoff für Gropius in einer Wiederholung gefertigt.[46] Diese Information könnte ein Beleg dafür sein, daß die übrigen Gegenstände der Sitzgruppe, das Sofa und der zweite Sessel, im Entstehen waren. Frühestens im April 1924 waren die ersten Schreibtischlampen von Jucker/Wagenfeld mit eisernem Fuß fertig, im Juli solche mit Glasfuß.[47] Gropius plazierte zwei verschiedene Modelle auf Schreibtisch und Regal. Etwa um die Jahresmitte 1924 gab es noch eine gravierende Veränderung zum Nachteil der erstrebten Raumgestaltung: Der große Fußbodenteppich von Benita Otte wurde entfernt.[48] Es ist möglich, daß der mit etwa 1500,- RM ausgewiesene wertvolle Knüpfteppich einen Interessenten fand und verkauft wurde. An seine Stelle wurde zunächst ein heute unbekannter Teppich aus der Weberei-Werkstatt gelegt, bis etwa am Jahresende 1924 der Knüpfteppich von Trude Arndt die Fehlstelle besetzte.[49] Dieser Teppich war gegenüber dem Otte-Teppich wesentlich kleiner.[50] Er prägte aber mit dem Quadratmuster im Vordergrund das überlieferte Raumbild. Dieser Zustand des Direktorenzimmers war mit einer colorierten Abbildung in der im Sommer 1925 erschienenen Publikation „Neue Arbeiten der Bauhauswerkstätten" präsent.[51] (Abb. S. 22) In dieser Darstellung, die sich in einigen Punkten von der Ursprungsidee der Raumgestaltung schon entfernt hatte und eine teilretuschierte und frei colorierte Raumperspektive vorstellte, wird ein arrangiertes Bild vorgestellt: Eine Aufnahme vom Raum in der Diagonalen mit neu angeordnetem Teppich und neu angeordneten Möbeln, Zustand um das Jahresende 1924.[52] Einige Farben, vor allem der helle Ton des Fußbodens, weichen von den Befunden ab. Die spätere Rezeption, die immer wieder dieses Bild wählte, ging somit von einer korrigierten Situation aus, streng genommen enthält das Foto Züge einer Fälschung.

Diese letzten Komplettierungsversuche im Direktorenzimmer fallen in die Zeit heftigster politischer Kämpfe um das Bauhaus, dessen Schicksal in Weimar faktisch schon seit dem Regierungswechsel im Frühjahr 1924 absehbar war. Der von der Regierung beabsichtigte Abbau des Bauhauses nach dem Konzept und unter Leitung von Gropius in Weimar war nicht mehr aufzuhalten. Zum Jahresende veröffentlichten die Meister ihren Entschluß, die Arbeit am Bauhaus in Weimar zu beenden.

---

44) Monatsberichte Tischlerei, Weidensee, 30. Oktober u. 3. Dezember 1923. ThHStA Weimar, BH Nr. 174, Bl. 14 u. Bl. 16

45) Es ist nicht klar ersichtlich, ob Mitter nur das Eckregal baute, das aus zwei Teilen bestand, oder ob er für beide Regale zuständig war.

46) Monatsbericht Weberei. Börner, 16. Oktober 1923. ThHStA Weimar, BH Nr. 178, Bl. 4

47) Monatsberichte Metallwerkstatt, Dell, 2. Mai 1924 u. i. V. Wagenfeld, 16. Juli 1924. ThHStA Weimar, BH Nr. 176, Bl. 20 u. 21f

48) Im Zeitraum zwischen den beiden Inventuren vom 1. April, als der große Teppich noch aufgeführt war, und dem 1. Oktober wurde der Teppich vermutlich verkauft. Zum 1. Oktober wird ein Teppich von der Weberei im Wert von 300,-RM aufgeführt, bezeichnet mit Nr. 304 und dem Vermerk „gehört Weberei". Inventuren am 1. April 1924 und am 1. Oktober 1924. ThHStA Weimar, BH Nr. 181, Bl. 39 u. Bl. 79

49) Die Datierung ist hier unsicher und stützt sich auf eine Information von Trude Arndt, die schrieb, daß sie erst im Dezember 1924 den Teppich gewebt hätte. BHA Berlin

50) Abmaße: 180 x 240 cm gegenüber 315 x 315 cm.

51) Neue Arbeiten der Bauhauswerkstätten, Bauhausbücher 7, München, Albert Langen Verlag 1925, Direktionszimmer S. 19. Außerdem waren noch einzeln abgebildet: Schreibtisch (S. 13), Polstersessel (S. 16) und Mäanderregal (S. 17). Dazu kamen noch 4 Fotos der Möbel von Josef Albers im Vorraum. Außer dem Foto vom Raum wurden vermutlich alle diese Aufnahmen Mitte Juli 1924 angefertigt. Vgl. Abrechnungsliste Bauhausbücher 1924, 11. Dezember 1925, Position 17. ThHStA Weimar, BH Nr 181, Bl. 180

52) Ein zweites Foto, das bisher erst in jüngster Zeit veröffentlicht wurde (vgl. Anm. 2), zeigt ein etwas anderes Arrangement, wobei Teppich, Schreibtisch und Sessel in eine andere Position gebracht wurden.

Gropius nahm Anfang Februar 1925 Verhandlungen mit der Stadt Dessau auf, die bald darauf zum Entscheid führten, das Bauhaus zu übernehmen. Anfang April zog der größte Teil der Meister und Schüler nach Dessau. Das Direktorenzimmer wurde geräumt. Gropius nahm wahrscheinlich alle Möbel mit, die ihm gehörten.[53] Der Schreibtisch und ein Sessel waren später Bestandteile des Inventars im neuen Direktorenzimmer auf der Brücke im Bauhaus Dessau, wie es in einem Foto überliefert ist.[54] Auch der Wandteppich von Else Mögelin fand wieder auf einer Tür seinen Platz.[55] Die Raumfassung des Dessauer Direktorenzimmers ist nun eine andere. Sie ergab sich aus dem baulichen Gefüge der Raumteilung in diesem Bürotrakt, unterlag stärker den Kriterien der zweckmäßigen Raumgestaltung als einer raumkünstlerischen Idee, die dem formal arrangierten Gesamtkunstwerk verpflichtet war. Ein künstlerischer Abstand wird hier sichtbar, der so groß ist wie vom frühen Bauhaus in Weimar zur Hochschule für Gestaltung, dem Bauhaus in Dessau. Es ist die kurze Spanne von nur drei Jahren, die aber schon einen Wandel hin zu einer funktionalen Raumauffassung bewirkten.

Was mit den beiden Räumen in Weimar in der Folgezeit geschah, läßt sich heute nicht mehr genau ermitteln. Es ist fraglich, ob Otto Bartning, der nachfolgende Direktor an der Hochschule für Handwerk und Baukunst, diese Räume für sich genutzt hat oder wieder in den ursprünglichen Direktionsbereich zog. Mit Paul Schultze-Naumburg steht aber die Beseitigung der verbliebenen Reste der Raumgestaltung aus der Bauhauszeit in Verbindung. So wie aus Haß gegen das Bauhaus die Wandbilder von Schlemmer beseitigt wurden, erging nun auch eine staatliche Anordnung, die eine Entfernung der Reliefs und der anderen Wandgestaltungen des Vorraumes und die Auslagerung der Objekte ins Wittumspalais vorsah. Alle „illegalen Einbauten" von Gropius, die Unterdecke und vermutlich auch die Trennwand, wurden 1930 entfernt, um einen „Lehrsaal" zurückzugewinnen.[56] In der späteren Nutzungsgeschichte der Hochschule für Architektur bzw. der Hochschule für Architektur und Bauwesen erhielt das frühere Direktorenzimmer noch einmal eine raumgestalterische Aufwertung, als Professor Horst Michel hier einzog, es als Lehrstuhlinhaber und Leiter des Instituts für Innengestaltung einrichtete und nutzte. Im Jahre 1985, anläßlich seines 80. Geburtstages, wurde daraus das sogenannte „Michel-Kabinett", ein Ausstellungsraum für Arbeiten aus dem Institut für Innengestaltung.[57] Nach der Wende wurde es aufgelöst, es entstand daraus ein normaler Büroarbeitsraum.

53) In den Übergabeprotokollen der Bauhaus-Gegenstände mit den Urhebernachweisen sind Gegenstände aus dem Raum nicht vermerkt. ThHStA Weimar, BH Nr. 117
54) Ob außerdem das Sofa und der andere Sessel aufgestellt waren, läßt sich nicht mehr nachweisen.
55) vgl. Anm. 32
56) Vgl. Anm. 21
57) Einrichtung unter Leitung von Prof. Dr. Anita Bach, Gestaltung Jochen Burhenne

Foto des Direktorenzimmers Ende 1924/Anfang 1925. Dieses Foto aus dem Bestand des Bauhaus-Archivs Berlin wurde erstmals 1990 veröffentlicht. Die Einrichtung zeigt schon einen starken Gebrauchszustand. Es ist vermutlich in der Zeit vor dem Auszug des Bauhauses entstanden.

Zwischen Expressionismus und Funktionalismus

Die Gropius´sche Raumtheorie

Es ist ein glücklicher Umstand für die Beurteilung der Raumschöpfungen im Obergeschoß des Kunstschulgebäudes, daß das Ringen um eine theoretische Grundlage für die Bauhaus-Arbeit in der Zeit der Vorbereitung der großen Bauhaus-Ausstellung von programmatischen Texten begleitet wurde. Namentlich Gropius hat in dem Aufsatz „Idee und Aufbau des Staatlichen Bauhauses Weimar"[1] die Grundzüge für eine Theorie der Lehre und des gestalterischen Schaffens formuliert. Als Kern hebt sich darin die Theorie vom Raum ab, die den Umriß eines philosophischen, ästhetischen und praktisch-künstlerischen Leitbildes vorstellt. Diese Ausführungen waren nicht neu, sondern gehen auf Vorträge zurück, die Gropius im Jahre 1922 am Bauhaus gehalten hatte und mit praktischem Unterricht verbunden waren, den auch Adolf Meyer begleitete.[2] Mehr als alle möglichen Versuche zur stilistischen Deutung der Raumgestaltungen etwa als expressionisischer Ausklang und beginnender De Stijl-Einfluß, als Durchsetzung der Elementarform und bewußte Hinwendung zur Maschinenästhetik in Verbindung mit der Idee vom Gesamtkunstwerk, die alle eine gewisse Berechtigung haben, kann die „Raumtheorie" Gropius´ Aufschluß geben über den geistigen Hintergrund und die künstlerischen Ambitionen des Autors vermitteln. Die Parallelität der Ereignisse, die theoretische Begleitung des Ausstellungsvorhabens und die praktische Ausführung der Raumgestaltung lassen den Schluß zu, daß hier ein programmatisches Anwendungsbeispiel dieser Theorie angestrebt wurde, für das sich Gropius persönlich engagierte. Falls es so gewesen ist, daß Gropius hier seine Überzeugungen ganz unmittelbar ausdrücken wollte, dann erhält das Direktorenzimmer als gestalterisches Werk eine besondere Stellung.

Wenn Gropius von Raum sprach, war damit zuerst ein philosophischer Begriff gemeint, der im weitesten Sinne die komplexe Umweltgestaltung im ästhetischen und praktischen Sinne reflektierte und seine schöpferische Gestaltbarkeit wie ein Gesamtkunstwerk einschloß. Auf dem Boden der Auffassung stehend, derzeit einen Epochenumbruch zu erleben, wurde alles künstlerische Schaffen in neuen Zusammenhängen bewertet. Als Schlußfolgerung ergab sich: Im Bewußtwerden des generellen gesellschaftlichen Wandels müsse somit eine neue Raumvorstellung die alte ablösen.

Gropius strukturierte den Raumbegriff in drei Ebenen, um ihn beschreibbar zu halten. So unterschied er den tranzendentalen, den mathematischen und den stofflichen Raum. Diese Mehrschichtigkeit läßt Gropius im übergreifenden „künstlerischen Raum" aufgehen; d. h., erst in der Verbindung und Beherrschung aller dieser Gebiete, die an der Raumbestimmung beteiligt sind und ihren jeweiligen Gesetzmäßigkeiten

1) Gropius, W.: Idee und Aufbau des Staatlichen Bauhauses in Weimar, Weimar 1923
2) Gropius, W.: Vorträge zur Raumkunde 1922. Abschrift des handschr. Manuskriptes. BHA, GN. Beschrieben in: Winkler, K.-J.: Die Architektur am Bauhaus in Weimar. Berlin 1993, S. 28–32

folgen, entstehe das Werk, das nun heute einer anderen Raumvorstellung entsprechen muß. Er sprach sich gegen eine mechanistische Auffassung der Vergangenheit, gegen die Zwecktheorie aus, folgte damit offenbar weiterhin der Tendenz für eine expressionistische Aufladung des künstlerischen Schaffens, wie es schon im Bauhausprogramm von 1919 anklang. Im Vortragsmanuskript heißt es: „Die geistige Menschheit arbeitet heute auf allen Gebieten daran, die Brücken zu dieser Einheit wieder herzustellen. Kehrtwendung von der Peripherie zum Mittelpunkt. Einstein. Energie = Masse, Soma = Psyche ... daher Totalität anstelle Spezialität, Kollektiv anstelle der Individuen. Bindung für den Einzelnen in der Gemeinschaft, um Größeres zu erreichen durch (übergreifendes?) Denken. Für den schöpferischen Menschen bedeutet daher Gesetzlosigkeit Schrankenlosigkeit, nicht wahre Freiheit, sondern Isoliertheit, Einsamkeit, Armut. Gebundenheit befreit die Phantasie, macht sie reich und schafft ihr den Rahmen."[3] Heute wäre eine Schulung der Denkkraft notwendig. „Erst die Beherrschung der realen und transzendentalen Gesetzmäßigkeiten setzen den Menschen in den Stand, sich ein sichtbares Bildnis und Gleichnis seiner geistigen Weltanschauung zu machen, sich seinen Mikrokosmos zu schaffen.- Das Göttliche im Menschen."[4]

Einen beträchtlichen Umfang an der Erklärung der drei Raumarten nahm die symbolische Bestimmung der Urformen aller Raumgebilde ein, „die Ergebnisse aus der menschlichen Vorstellung vom Weltbild und den Zusammenhängen zwischen leiblichen und seelischen (Faktoren) darstellen". Zur praktischen Untermauerung zog

Titelblatt des Sonderdrucks mit dem Aufsatz von Gropius: Idee und Aufbau des Bauhauses. 1923. Typografie László Moholy-Nagy

Gropius grundlegende Flächenformen heran: Dreieck, Quadrat und Kreis und die zugehörigen Körperformen Tetraeder, Pyramide, Würfel und Kugel. Die klassischen Beziehungen zwischen Quadrat und Dreieck spielten eine Rolle, ebenso die Theorien der mittelalterlichen Triangulation. Offenbar wählte er verschiedene Flächenformen, um sie hinsichtlich ihrer Harmonie-Gesetzmäßigkeiten zu untersuchen. Weiterhin verwies er auf das Wesen von Rechnung und Messung, das ein Paradoxon enthalten kann: Die einfachsten und anschaulichsten Formen der Messung in der Rechnung ergeben häufig irrationale Zahlenwerte. Und er folgerte: Erst die „einende Kraft des schöpferischen Genies" vermag die „Verbindungen zwischen beiden Welten" schaffen, „so daß sie unmittelbar zusammen, also harmonisch wahrnehmbar werden."[5]

Nicht zuletzt widmete Gropius dem „tastbaren stofflichen Raum der Wirklichkeit" eine besondere Aufmerksamkeit, da er bewußt nach den Gesetzen des Stoffs und der Mechanik erbaut werden sollte. Im Aufsatz schrieb er: Die Hand „meistert ihn durch das Können des Handwerks mit Hilfe von Werkzeug und Maschine." Die Quintessenz liegt schließlich im „künstlerischen Raum", wo „alle Gesetze der realen, der geistigen und der seelischen Welt eine gleichzeitige Lösung" finden. Hier ist also ein wissender und fähiger Schöpfer gefragt, der die geistige Idee umsetzen kann.[6] Der Künstler erscheint somit als ein alles durchdringendes und beherrschendes Medium, und er gilt als Schöpfer eines harmonischen Lebensraumes.

In dieser allgemeinen Orientierung der Raumtheorie findet die Raumgestaltung des Direktorenzimmers Platz, ja eigentlich sogar ihre Begründung:
– Die Fassung des Raumes als einen Mikrokosmos, der Elemente definiert, die im übertragenen Sinn einem geordneten „Weltbild" angehören.
– Die mathematisch-geometrische Gliederung als erlebbare Struktur, die auf eine transzendente Erscheinung – eine neuartige ästhetische Ordnung – hinweist: Der Kubus im Kubus im Kubus, der Goldene Schnitt, das Prinzip Horizontal-Vertikal.
– Die gleichzeitige und harmonische Beherrschung der handwerklichen und industriellen Techniken in einem erlebbaren, einem sichtbaren und ertastbaren stofflichen Gebilde.
– Die Zweckmäßigkeit (Funktionalität) des Ganzen als Büroarbeitsraum.
– Und endlich: Das (fast) vollendete Werk eines leitenden Gestalters, der alles zu einer Einheit führen konnte. – Die in die Architektur des Raumes übertragene Programmatik ist offensichtlich.

Die Auseinandersetzung mit dem Thema des Raumes hatte im Zusammenhang mit den Bestrebungen zur Selbstdarstellung im Werdegang der Bauhaus-Ausstellung einen Höhepunkt erlangt. Raum als Überbegriff, wie in „Idee und Aufbau" angelegt,

3) Ebenda, I. Vortrag, S. 6
4) Ebenda, S. 7, 10
5) Ebenda, III. Vortrag, S. 13 f.
6) Vgl. Anm. 1

konnte so die Bauhausprogrammatik binden und erklären. Raumgestaltung war allerdings für Gropius primär eine praktische und zugleich eine ästhetische Problematik, die ihn auch in den folgenden Jahren beschäftigte. Das Direktorenzimmer mag dabei weiterhin als ein Erfahrungsobjekt und Modellversuch eine Rolle gespielt haben. Erstaunlich ist, wie er in der Architektur weiter auf diesem Muster aufbaute. Die Frage der Dehnung und der Auflösbarkeit des Raumes sowie die Gestaltbarkeit von neuen Begrenzungssituationen war weiterhin von besonderem Interesse. Ebenso hatte der Umgang mit der abstrakten geometrischen und stereometrischen Form an prinzipieller Bedeutung gewonnen, so wie er es in Weimar spielerisch-experimentell erprobt hatte. Auch das Thema der Aufhebung der Schwerelosigkeit war wichtig geworden. Alles das versuchte er bei seinen Dessauer Planungen in Formen zu bringen.

Mit großer Prägnanz hat Ise Gropius diese Bemühungen in ihrem Tagebuch registriert. Am 29. Februar 1926 schreibt sie: „g. beschäftigt sich wieder viel mit neuen raumideen. er glaubt, dass die bisherige vorstellung, die den raum als etwas für sich abgeschlossenes fest umgrenzte, einem neuen raume weichen wird, der in seiner aufgelöstheit und leichtigkeit nur mehr durch einzelne peilpunkte bestimmt sein wird, die seinen rhythmus angeben.- ägypter, araber und gotiker zeigen dasselbe bestreben in ihren sakralen bauwerken z. b. die decke aufzulösen und die masse so zu unterteilen, daß das gefühl der schwebenden leichtigkeit entsteht. – da heute kein sakraler gedanke lebendig ist, auch keine gemeinsame lebensanschauung, auf der eine kultur sich aufbauen könnte, vorhanden ist, manifestiert sich der neue baugedanke und die neue raumvorstellung vorläufig in abstrakten gebilden, die aber die künftigen gesetze deutlich vorausahnen lassen. auch unsere wohnhäuser scheinen ihm jetzt zu schwer, zu kompakt, zu kubisch. die knappheit der mittel verhinderte auch hier die freie entfaltung der idee."[7]

Das Direktorenzimmer und die Kritik am Bauhaus-Formalismus

Im Zuge des architektonischen Diskurses geriet das Bauhaus in der Zeit programmatischer Konsolidierung 1922/23 in die wohlwollende Kritik von Protagonisten der modernen Kunstbewegung, was nicht unwesentlich dazu beitrug, das Konzept der Architektur festzulegen. Dieser Weg bedeutete die Überwindung des expressionistischen, formbezogenen Gestaltungsansatzes bei gleichzeitiger Assimilierung konstruktivistischer Ideen. Die gegensätzlichen Bauhauskonzepte traten personifiziert in der Beschreibung des Konfliktes Itten versus Gropius hervor, sie zeigten sich in der Berufung Moholy-Nagys und auch im Interventionsversuch van Doesburgs und wurden

7) Tagebuch Ise Gropius. Unveröff. Manuskript. BHA Berlin

„Alle bildnerische Arbeit will Raum gestalten. Soll aber jedes Teilwerk in Beziehung zu einer größeren Einheit stehen – und dieses muß das Ziel des neuen Bauwillen sein –, so müssen die realen und geistigen Mittel zur räumlichen Gestaltung von allen am gemeinsamen Werk Vereinten gekonnt und gewußt werden. Und hier herrscht große Verworrenheit der Begriffe. Was ist Raum, wie können wir ihn erfassen und gestalten?

Die Urelemente des Raumes sind: Zahl und Bewegung. Durch die Zahl allein unterscheidet der Mensch die Dinge, begreift und ordnet mit ihr die stoffliche Welt. Erst durch die Teilbarkeit löst sich das Ding vom Urstoff ab und gewinnt eigene Form. Die Körper leben nicht durch sich selbst, sondern durch ihren Gedanken, ihre alleinige Bestimmung ist es, ihn zu tragen und festzuhalten. Die Kraft, die wir Bewegung nennen, ordnet die Zahlen. Beides, Zahl und Bewegung, ist eine Vorstellung unseres endlichen Gehirns, das den Begriff des Unendlichen nicht zu fassen vermag. Wir erleben wohl den unendlichen Raum kraft unserer Zugehörigkeit zum All, aber wir vermögen Raum nur mit endlichen Mitteln zu gestalten. Wir empfinden den Raum mit unserem ganzen unteilbaren Ich, zugleich mit Seele, Verstand und Leib, und also gestalten wir ihn mit allen leiblichen Organen.

Der Mensch empfindet durch seine Intuition, durch seine metaphysische Kraft, die er aus dem All saugt, den stofflosen Raum des Scheins und der inneren Schauung, der Visionen und Einfälle; er fühlt die Zusammenhänge seiner Erscheinungsmittel, der Farben, Formen, Töne und versinnlicht mit ihnen Gesetze, Maße und Zahlen. Aber dieser Raum der Schauung drängt zur Verwirklichung in der stofflichen Welt; mit Geist und Handwerk wird der Stoff bezwungen.

Das Hirn erdenkt den mathematischen Raum kraft des Verstandes durch Rechnung und Messung. Über die Gesetze der Mathematik, Optik und Astronomie schafft es ein Vorstellungs- und Darstellungsmittel für den zu erbauenden stofflichen Raum der Wirklichkeit durch das Mittel der Zeichnung.

Die Hand begreift den tastbaren stofflichen Raum der Wirklichkeit, der außer uns liegt; sie erbaut ihn in der Realität nach den Gesetzen des Stoffs und der Mechanik und mißt und wägt die stoffliche Substanz, die ihn bestimmt, und ihre Festigkeit ebenso wie ihre mechanischen und konstruktiven Eigenschaften. Sie meistert ihn durch das Können des Handwerks mit Hilfe von Werkzeug und Maschine.

Der schöpferische Vorgang einer Raumvorstellung und -gestaltung ist jedoch immer ein gleichzeitiger, nur die Einzelentwicklung der Organe des Individuums für das Fühlen, das Wissen und das Können ist wechselreich und verschieden im Tempo. Den bewegten lebendigen künstlerischen Raum vermag nur der zu erschaffen, dessen Wissen und Können allen natürlichen Gesetzen der Statik, Mechanik, Optik, Akustik gehorcht und in ihrer gemeinsamen Beherrschung das sichere Mittel findet, die geistige Idee, die er in sich trägt, leibhaftig und lebendig zu machen. Im künstlerischen Raum finden alle Gesetze der realen, der geistigen und der seelischen Welt eine gleichzeitige Lösung.

Diese geistigen Voraussetzungen bestimmen Breite und Tiefe des Aufbaus für eine umfassende Schulung der bildnerisch tätigen Menschen. Im „Staatlichen Bauhaus in Weimar" wurde zum erstenmal der Versuch auf breiter Basis begonnen, diese Voraussetzungen entschlossen in der Praxis zu erfüllen."

Aus: Walter Gropius: „Idee und Aufbau des Staatlichen Bauhauses in Weimar", 1923

überhaupt bis heute zu einem beliebten kunsthistorischen Thema.[8] Im Kern ging es vor allem um die (Wieder-)Entdeckung und Ausarbeitung der funktionalen Methode, um jenes Instrumentarium, das zu einem Grundsatz des Gestaltens und Entwerfens der modernen Bewegung werden sollte.[9] Es bedeutete die Übertragung der Schaffensmethode des Ingenieurs auf den Gestaltungsprozeß. Zu jenem quasiwissenschaftlichen Ansatz einer umfassenden Analyse von Aufgabe und Funktion des Gestaltungsobjektes trat das strahlende Prinzip Erfindung. Dieses war gekoppelt an die Vorstellung, daß es darauf ankomme, elementare Formeigenschaften herauszufinden und anzuwenden, weil sie Eigenschaften der neuen technisch bedingten Lebenswelt am besten entsprechen konnten. Für Architektur und Produktgestaltung lag in diesem Ansatz wesentlich die Anbindung an den Zustand und die Aufgaben der Gesellschaft begründet, und mit dieser Erweiterung führte er weit über die Frage des Ästhetischen hinaus.[10]

Das Bauhaus, namentlich besonders Gropius, hat in dieser Phase der Formierung des Neuen Bauens maßgeblich theoretische Grundlagen geschaffen und auch vielbeachtete praktischen Beispiele hervorgebracht. An einem Kulminationspunkt der Diskussion, die vielstimmig und unter Beteiligung der besten Kräfte während und nach der Ausstellung 1923 geführt wurde, befand sich auch das Direktorenzimmer, und es war als ein Beispiel präsent. Im Unterschied zum Versuchshaus Am Horn wurde es zwar zu keinem herausragenden Gegenstand der öffentlichen Auseinandersetzung, jedenfalls ist dazu nichts überliefert, aber auch seine verwandte Gestaltungskonzeption könnte an allgemeingültigen Kritiken gemessen werden. Vor allem trat häufig die Fragestellung hervor, die sich grob auf das Verhältnis von Form und Funktion eingrenzen läßt.

Die in den wenigen Jahren seit der Bauhausgründung 1919 gefundene Position läßt sich überzeugend im Werk Gropius´ und seiner Mitarbeiter im Baubüro ablesen: Die Erweiterung des Stadttheaters in Jena 1921/22 und der Wettbewerbsentwurf für die Chicago Tribune 1922 waren in ihrer dekorlosen Nüchternheit Beispiele für den „Gropiusschen Vierkantstil", die nach den expressionistischen Versuchen für Holzbauten bei Sommerfeld und einigen Berliner Villen schon eine formale Befreiung und Neuorientierung bedeuteten. Die Entwürfe für die Bauhaussiedlung, die beiden Typenhaus-Baukästen von 1922/23 und in gewisser Weise auch das Haus Am Horn 1923[11] waren nun schon Resultat einer Entwurfsmethode, die zwei wesentliche weiterführende Momente berücksichtigte: Zum einen das rationale Kalkül von variierbaren Typenentwürfen; zum anderen wurden die Planung von Grundriß und Baukörper sowie der Herstellungsprozeß als eine Optimierungsaufgabe unter funktionellen, tech-

8) Vgl. zuletzt: Das frühe Bauhaus und Johannes Itten. Berlin 1994. Konstruktivistische Internationale 1922-27. Buch zur Ausstellung, Düsseldorf 1992

9) Erste Ansätze in: Gropius, W.: Idee und Aufbau des Staatlichen Bauhauses Weimar, 1923. Präzise ausformuliert in: Gropius, W.: Grundsätze der Bauhausproduktion. In: Neue Arbeiten der Bauhaus-Werkstätten. München o. J. (1925), S. 5-8

10) Dies als Utopie zu bezeichnen, wie es zu einem beliebten Werturteil nachmoderner Kritik geworden ist, bedeutet eine Abwertung dieses Ansatzes, der das immerwährende Gebot von Gesellschaftlichkeit als eine Grundbedingung alles architektonischen Schaffens erklärte. Die totalitaristische Verzerrung sei allerdings davon ausgenommen.

11) Zwar zeichnete Georg Muche für den Entwurf verantwortlich, aber die Idee stützte sich durchaus auch auf Vorarbeiten von Gropius und Forbat. Außerdem hatte der Versuch unter der Regie des Baubüros Gropius, neue Bauweisen und Materialien anzuwenden, ein besonderes Gewicht.

nischen und ökonomischen Gesichtspunkten erfaßt. Im künstlerischen Sinne strebte Gropius strenge rektanguläre Kompositionen aus Rechteckkörpern und -flächen an, die ihre Analogie zum holländischen Neoplastizismus und zum russischen Suprematismus nicht verleugnen können. Alles Planen stand bewußt im Zusammenhang mit den neuen Bauweisen, dabei auch dem rationellen Betonbau. Im Juni 1923 forderte Gropius gleichgesinnte Kollegen zur Beteiligung an der Internationalen Architekturausstellung mit „eindringlich scharf internationaler Architektur" auf, die eine Entwicklung „nach der dynamisch funktionellen Seite hin, `weg von Ornament und Profil`"[12] zum Ausdruck bringen sollte. Offensichtlich hatte er schon einen klaren Standpunkt dafür gefunden, wohin er auch das Bauhaus zu lenken gedachte.

Es nahmen nun auch außenstehende Akteure die Bestrebungen am Bauhaus wahr und bemühten sich um Stellungnahme. So Ludwig Mies van der Rohe, der für den bedingungslosen konstruktivistischen Ansatz der „Erfindung" eintrat, als er seine für die Ausstellung vorgesehenen Entwürfe gegenüber Gropius begründete. Er schrieb, daß er „jeden Formalismus, welcher Art er auch sei, ablehne und aus dem Wesen der Aufgabe heraus ihre Lösung versuche ..."[13] Mies schrieb nach der Bauhaus-Ausstellung an van Doesburg, der aus seiner kritische Haltung zum „Kitsch"[14] des Bauhauses schon seit seinem Weimarer Aufenthalt 1922 keinen Hehl gemacht hatte, und gab eine Einschätzung, die als eine allgemeine Kritik an einem noch oberflächlichen Formensuchen gewertet werden kann: „Man konnte in Weimar sehen, wie leicht das Jonglieren mit konstruktivistischen Formen ist, wenn man nur das Formale anstrebt;

Ausstellungsabteilung des Bauhauses. Internationale Architekturausstellung, 1923

dort ist die Form das Ziel, während sie bei unseren Arbeiten das Resultat ist."¹⁵ An Jakstein schrieb er: „Gerade der wüste konstruktivistische Formalismus, den ich in Weimar (sah) und die dort herrschenden künstlerischen Nebel, haben mich veranlaßt, meinen Standpunkt im G-Heft erneut zu formulieren ... Die Form ist nicht das Ziel, sondern nur Resultat unserer Arbeit. Es gibt keine Form an sich; Form als Ziel ist Formalismus, und den lehnen wir ab ... Das hier gesagte steht in einem krassen Widerspruch zu Weimar und dem was sich sonst modern gebärdet ..."¹⁶

Der Kunsthistoriker Adolf Behne formulierte seine Position zum Standort der Architektur und für eine gewünschte Wegweisung in seinen Aufsätzen zur Internationalen Architekturausstellung und zum Haus Am Horn: Bei aller anerkennenswerten Hinwendung zur Dekorlosigkeit und klaren kubischen Form sollte ein neuer Formalismus vermieden werden, um einer lebendigen Architektur nicht den Weg zu versperren. Das Versuchhaus Am Horn sei ein Ergebnis der Reißbrettgeometrie; die Festlegung auf einen geometrisiernden Schematismus in der Architektur, wie er in den Arbeiten des Bauhauses und auch in der Auswahl der internationalen Beispiele sichtbar wird, ist ein falscher Weg.¹⁷ Andere Kritiker der Architektur des Versuchshauses wie Ernst May und Bruno Adler bezogen noch die soziale Frage mit ein, die sie auf die Aufgabe selbst angewandt wissen wollten.¹⁸

Es wäre nun zu untersuchen, ob das Direktorenzimmer noch jenem künstlerischen Impetus zugerechnet werden kann, der dem Leuchten der Feininger-Kathedrale entspricht, oder schon dem strengen Kalkül rationalistischer Ästhetik, die den Wechsel ausmacht, oder gar schon der funktionalen Methode. Eine kritische Formanalyse läßt unschwer einen noch nicht vollzogenen „Übergang" ausmachen, denn das formale Kalkül in einer geometrisierten Raumgestaltung wirkte noch übermächtig, die vollendete Formfassung für alle in den Raum integrierten Elemente – die Rechtwinkligkeit, die Abwandlung von Quadrat und Kubus – ist ein vordergründiges Ziel gestalterischer Bemühungen gewesen. Andererseits galt „Funktion" durchaus als ein selbstverständliches Prinzip, nach dem Gropius die Raumelemente festlegte und die Möbel entwarf. Sein Arbeitsplatz mit den Rückregalen, dem leichten und anpassungsfähigen Armlehnstuhl und dem organisationstechnisch aufgebauten Schreibtisch hat durchaus den Sinn und auch den Ausdruck des Funktionalen.

Die zeitgenössischen Kritiken aus dem Kreise der Protagonisten der Moderne mußten so auch die Idee des Gropius-Zimmers treffen, insbesondere den darin enthaltenen Formwillen. Vielleicht ist es ihren Wirkungen zuzuschreiben, daß eine raumkünstlerische Inszenierung dieser Art am Bauhaus und auch im folgenden Werk von Gropius später nicht mehr stattfand.

12) Brief Gropius' an Ludwig Mies van der Rohe, 4. Juni 1923. Mies van der Rohe-Archiv am Museum of Modern Art New York, Exzerpte von Ludwig Glaeser. Vol. 2 General Correspondance, p. 64.
13) Mies van der Rohe an Gropius, 14. Juni 1923. Ebenda, p. 65
14) Theo van Doesburg an Ludwig Mies van der Rohe, 3. Sept. 1923. Ebenda, p. 54. „Ich bin ganz einverstanden mit Ihre Gedanken über das Bauhaus. Die Leute machen aus alles einen Kitsch. Aber keiner Künstler hatte den Mut anzugreifen. Ich habe an meine Kamerade in Weimar ein ironisches Manifest geschickt. Das soll beim Eröffnung Gropius überreicht werden ..."
15) Ludwig Mies van der Rohe an Theo van Doesburg, 27. August 1923. Ebenda, p. 53
16) Ludwig Mies van der Rohe an Jakstein, 13. September 1923. Ebenda, p. 13-14
17) Behne, A.: Die Internationale Architektur-Ausstellung im Bauhaus zu Weimar. In: Die Bauwelt, Berlin 14 (1923) H. 37. Behne, A.: Das Musterhaus der Bauhaus-Ausstellung. In: Die Bauwelt, Berlin 14 (1923) H. 41
18) May, E.: Bauhaus-Ausstellung in Weimar. In: Schlesisches Heim. Breslau 4 (1923) H. 38. Adler, B.: Architektur. In: Das Volk, Jena 27. Sept. 1923

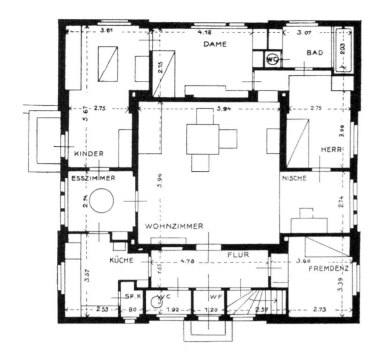

Grundriß und Wohnraum des Versuchshauses Am Horn in Weimar. Situation 1923

Raumgestaltungen vor und nach dem Direktorenzimmer in Weimar

Henry van de Velde: Lese- und Vortragszimmer im Nietzsche-Archiv in Weimar, 1903

Thilo Schoder: Musikzimmer, Schülerarbeit an der Kunstgewerbeschule, um 1909

Erich Mendelsohn: Arbeitsraum im Einsteinturm, Potsdam 1922

Walter Gropius: Herrenzimmer für Dr. Herzfeld, Hannover 1911 (?)

Walter Gropius: Herrenzimmer. Ausstellung des Deutschen Werkbundes, Köln 1914

Walter Gropius/Bauhaus-Werkstätten: Vestibül im Haus Sommerfeld, Berlin 1921

Koloman Moser: Gästezimmer im eigenen Haus, Wien 1902

J. L. M. Lauweriks: Haus Stein in Göttingen, Zeichnung einer Zimmereinrichtung, 1912

Gerrit Rietveld: Sprechzimmer Dr. Hartogh, Maarssen 1922

Bauhauswerkstatt für Wandmalerei: Ausstellungsraum im Kunstschulgebäude, Weimar 1923

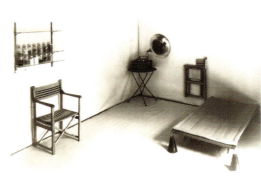

Hannes Meyer: Zimmer Co-op, 1926

László Moholy-Nagy: Eigener Wohnraum im Meisterhaus, Dessau 1926

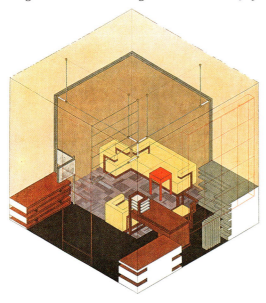

Walter Gropius: Direktorenzimmer im Bauhausgebäude, Dessau 1926

Walter Gropius: Typenmöbel im Ausstellungsraum der Firma Feder, Berlin 1929

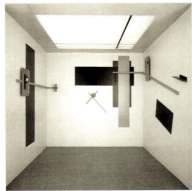

El Lissitzky: Prounen-Raum der Großen Berliner Kunstausstellung, 1923, Rekonstruktion 1965

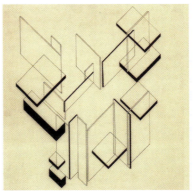

Cornelis van Eesteren und Theo van Doesburg: Maison particuliére: Kontra-Konstruktion, 1923

Ludwig Mies van der Rohe: Deutscher Pavillon, Barcelona 1929

Vom „Itten-Raum" zum „Vorraum"

Der Vorraum

Im Zuge der Forschung zum Direktorenzimmer klärte sich das Bild über den ehemaligen sogenannten Itten-Raum, der zur Zeit der großen Bauhaus-Ausstellung 1923 zum Vorraum des Direktionszimmers umgewandelt wurde. Dieser Raum im ersten Obergeschoß des Kunstschulgebäudes schloß an den ursprünglichen Direktorenraum an und wurde mit Raum Nr. 26 bezeichnet. Zur Zeit der Großherzoglichen Kunsthochschule war hier der „Radierraum" der graphischen Abteilung eingerichtet. Am Bauhaus diente er ursprünglich als Leseraum, dem Johannes Itten gemeinsam mit seinen Schülern 1922 eine künstlerische Raumfassung gab. Im Zuge der Neuordnung des Direktorenbereichs in Frühjahr 1923 wurde er vom Staatlichen Bauhaus umgestaltet und nun als „Vorraum" oder auch als „Warteraum" bezeichnet. Als repräsentativer Zugangsraum zum Direktoren-Zimmer erfüllte er zugleich die Funktion als Ausstellungsraum. Das Schicksal der Ausstattung war mit dem Weggang des Bauhauses im Frühjahr 1925 besiegelt. Die verbliebenen Wandgestaltungen und Ausbauten ließ Schultze-Naumburg 1930 entfernen.

Der rechteckige Raum von knapp 5,00 m Breite und 7,40 m Länge war in seiner inneren Kubatur zweigeteilt: Er weitete sich in der Höhe im Bereich des Unterzuges von 3,90 m auf 5,00 m, so daß der nördliche Raumteil am Fenster eine spürbare Vergrößerung erfuhr. Der Zugang vom Flur aus erfolgte durch die zweiflügige Ateliertür, die etwas seitlich der Mitte sitzt und zum Flur hin aufschlug. Im zweiten Raumdrittel erreichte man die Türen, links in der tiefen Wandnische lag der Zugang zum Direktorenzimmer, gegenüber die Tür zur Bibliothek des Bauhauses.[1] Der Eingangstür leicht schräg gegenüber befand sich das Fenster, das als ein raumbestimmender Blickfang mit bleigefaßten Farbglasscheiben in Erscheinung trat. Das zweiflügige, leicht hochrechteckige Fenster mit einer senkrechten Mittelsprosse war in eine vorgeblendete Wand eingefügt, die das ursprüngliche großflächige Atelierfenster verdeckte. Form und Teilung antworteten ungefähr auf die dahinterliegende Sprossenstruktur. Der ursprünglich etwa mittig unter dem Fenster stehende Heizkörper war versetzt worden und befand sich im Anschluß an der östlichen Wand. An der Fensterwand befestigt waren fünf Klappstühle von Josef Albers, konstruiert aus einem einfachen Brettgerüst aus Eichenholz, komplettiert mit Armlehnen und textiler Rücken- und Sitzbespannung.

Der Fußboden bestand aus Dielen in Lärchenholz und war vermutlich mit einer dunklen Ölfarbe gestrichen. Hohe Fußleisten grenzten die Wandflächen ab und bildeten ein kräftiges Kantenband, das den dekorativen Putzleisten entspricht. Als Dekor

1) Diese Tür war vermutlich verschlossen. Der Zugang zur Bibliothek war vom Vorzimmer des Sekretariats aus möglich.

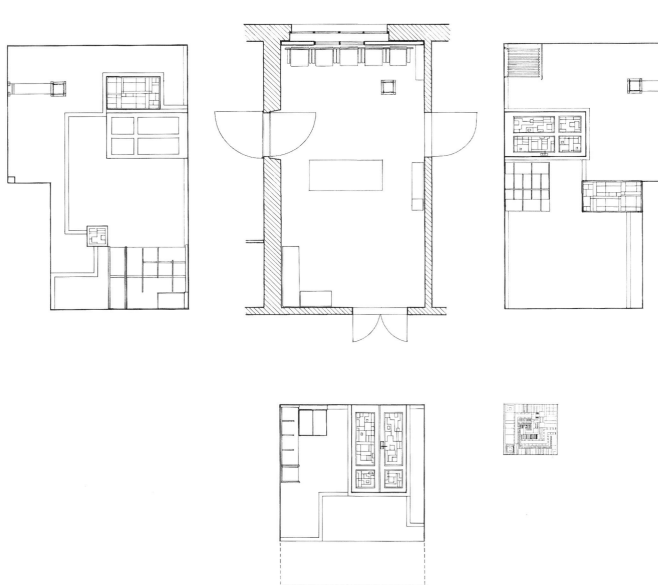

Rekonstruktion des Vorraumes vom Autor. Grundriß und Raumwände nach der Situation im Sommer 1923. Zeichnung: Susann Vollrath

überspielte eine etwa zwei bis drei Zentimeter dicke und handbreite Putzleiste als rechtwinkliges Zick-Zack-Mäander die Wände, ausgehend von der oberen Bekleidung der Eingangstür, fortgeführt über die Wand und die obere Kehle, unterbrochen durch rechteckige Relieffelder in verschiedener Größe. Diese wurden als eigenständige Dekorationsstücke meist im Rahmen des Vorkurses gestaltet und „antworten" auf die gleichartigen Strukturen auf den Türfüllungen. Setzt man den Ursprung der ausstrahlenden Lineatur an der Eingangstür an, kann deren Ende in der Nähe der beiden seitlichen Türen gesehen werden: Rechts neben der Tür des Direktorenzimmers umkränzt das Band ein beinahe türgroßes Relieffeld und stößt auf die Fußleiste, während die gegenüberliegende Tür zur Bibliothek selbst als Relief erschien und oben über einen Streifen mit einer hochgelegenen Rechteckfläche verbunden war. Die Fensterwand fiel aus diesem Gestaltungmodus heraus, wohl um die feierliche Wirkung des Farbglasfensters auf einer ungestörten Wandfläche zu steigern. Allein die Fußleiste zeigt hier das Bandmotiv. Die Reliefs, je acht an den Türfüllungen, zwei oder drei an den verschiedenen Rechteckflächen, beruhten auf einer unregelmäßigen Komposition von geschichteten Rechteckkuben. Sie waren in Gips ausgeführt und vermutlich ungefärbt, weiß. Möglicherweise waren die Putzbänder farbig getönt; welche Farben die Wände hatten, konnte nicht nachgewiesen werden.

Die Möbel von Albers bestimmten die weitere Raumausstattung: An den beiden Längswänden standen das (oder die) Wandregal(e) mit den versetzten Auflagebret-

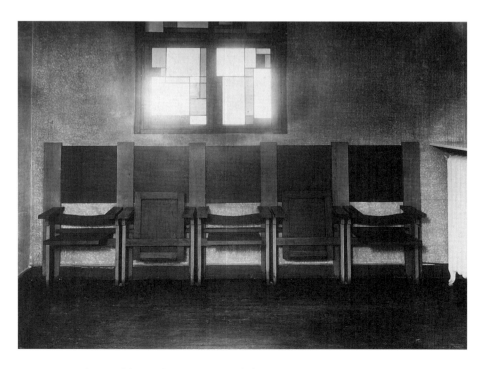

Klappstühle an der Fensterwand des Vorraumes. Entwurf Josef Albers. 1923

tern und dem mittigen Konstruktionsbrett, etwa in Raummitte der Tisch mit dem „rotierenden" Unterbau aus verschränkten Brettern, alles in Eichenholz. Der beinahe türhohe Glasschrank und der im rechten Winkel dazu stehende kleine Schrank füllten den Bereich neben der Tür aus. In der Materialwahl und nach ihrer Gestaltungskonzeption gehen diese Möbel über die starren planoplastischen Eichenmöbel hinaus, sie sind stärker funktional aufgefaßt und beziehen die „modernen" Materialien Metall und Glas in ihren Wirkungsmöglichkeiten mit ein. Es sind Ausstattungsstücke einer neueren Generation, die Spiegelung, Transparenz und strukturelle Formkontraste berücksichtigen. Gestalterisch fügen sie sich in die auf die strenge Rechtwinkligkeit hin angelegte Formensprache zwar in den Raum ein, aber sie lassen schon die rationalen Gestaltungsmittel der folgenden Bauhausperiode erkennen. Im Raum waren auch Textilien aus der Bauhaus-Weberei ausgestellt. Offen ist, ob der Teppich von Ida Kerkovius, der nach einer Beschreibung von Schlemmer ursprünglich im „Leseraum" gelegen haben könnte, zu dieser Zeit noch im Raum war.[2] Dieser Knüpfteppich in einem geometrischen Muster mit einem zentrierten Spiralenmotiv war in Schwarz-Weiß-Tönen gehalten.

In der nördlichen rechten Ecke, etwa 1 m von der Fensterwand entfernt, war ein kubischer Beleuchtungskörper abgehängt. Die acht Kanten des Würfels bildeten Soffitten, die genauso wie im Direktorenzimmer in Würfelfassungen eingesteckt waren. Ein innerer Metallkubus diente hier als Konstruktionshilfe und pendelte an vier Kabeln von etwa 1,20 m Länge. Oben endeten die Leitungen in den Ecken eines quadratischen Rahmens, der wiederum an vier Bändern an der Decke befestigt war. Die Anschlußstellen an der Decke markierten oben vier Würfel von ca. 5 x 5 x 5 cm in der Größe der Eckfassungen. Sie waren im Verhältnis zum Rahmen windmühlenflügelartig versetzt und berührten jeweils mit ihren Kanten die Abhängungen. Zur Beleuchtungsanlage gehörte weiterhin eine offene Verkabelung an der Decke. Über zylindrische Porzellanisolatoren waren in einem rechwinkligen Muster Drähte gespannt, die wie ein spiralförmiges Ornament die vier Würfel in Zentimeterabstand über der Decke „umkreisten". Die weitere Leitungsführung wurde gestalterisch genutzt und fügte sich gleichsam zu einer konstruktivistischen Drahtplastik: Jeweils neben den einzelnen Würfeln greifen drei vertikale Drähte die Spannung ab und werden in der Höhe der oberen Rahmenkante rechwinklig abgeknickt und zusammengeführt. Somit wurden in gewisser Analogie zur Beleuchtungskonstruktion im Direktorenzimmer an den Ecken die drei Raumebenen angedeutet. Diese Anlage scheint verschiedene Schaltkreise geboten zu haben, so daß wenigstens zwei Beleuchtungsstufen möglich waren.[3] Mit dieser Leuchtengestaltung wurden nicht nur Soffitten als stabförmige Lichterzeuger

Soffittenleuchte im Vorraum. Entwurf Josef Albers und/oder Walter Gropius. 1923

2) Vgl. Abschnitt über die historischen Spuren, Anm. 14. Da die Inventarlisten für das Vor- und das Direktorenzimmer in dieser Zeit zwei Wandbehänge ausweisen, könnte einer davon in diesem Raum gewesen sein. Es gibt aber keine Informationen darüber, welcher Art sie waren und wo sie sich befanden. Inventur am 1. April 1924, ThHStA Weimar, BH Nr. 181. Bl. 39

3) Wo die Schalterzuleitungen lagen, konnten wir nicht ermitteln. Dieser Beleuchtungskörper hing mit Sicherheit in der Nähe des Fensters in der Raumecke. Es ist aber möglich, daß es noch weitere Beleuchtungskörper dieser Art gab. Auf dem einzigen überlieferten Foto ist ein weiteres Hängekabel in Meterabstand noch sichtbar.

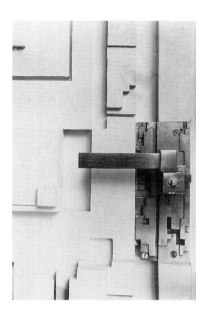  

Türklinke an der Eingangstür des Vorraumes. Gestaltung Naum Slutzky. 1922   Regal aus Eichenholz und Konferenztisch im Vorraum. Entwurf Josef Albers. 1923

Schränke im Vorraum. Entwurf Josef Albers. 1923

eingeführt; es wurde auch die Verdrahtungstechnik zu einem gestalterischen Ereignis gemacht. Das Offenlegen der Leitungsführung war ein Ausdruck der Technikfaszination.

Wirkungsbeschreibung

Der Eintritt in den Raum bedeutete mit dem Öffnen der schweren, mit Reliefs behängten Tür und der scharfkantigen Türklinke schon etwas Besonderes. Das Erlebnis des Raumes wurde im ersten Moment von dem in Rottönen gehaltenen Fenster bestimmt, das den Raum unwirklich erhellte und ihm eine sakrale Stimmung verlieh. Mit dem Blick nach oben erfaßte man die Raumerweiterung im Deckenbereich und die Wirkung der schachtartigen Raumkonfiguration. Eine bevorzugte Richtung zu einer der beiden seitlichen Türen hin ließ sich aus der Raumgestaltung nicht ablesen. Die Klappstühle an der Fensterwand deuteten auf die Funktion des Wartens hin und begrenzen diese Zone sehr klar, während das Fenster als Lichtfläche darüber zu schweben schien. Tisch und Regal(e) grenzten den „Wartebereich" etwas von der Eintrittszone ab, deren Raumcharakteristik sich erst mit der Wahrnehmung des seitlichen Dekors, der Mäanderlinien und der Dekorationsfläche völlig erschloß. Die Raumgestalt mußte zunächst für den Eintretenden rätselhaft bleiben. Die großen Relieffflächen nahm man in ihrer strukturellen Verwandtschaft zuerst wie Bilder wahr; ihre Einbindung in das Strukturbild des Mäanders war aber erst mit einer Drehung im Raum

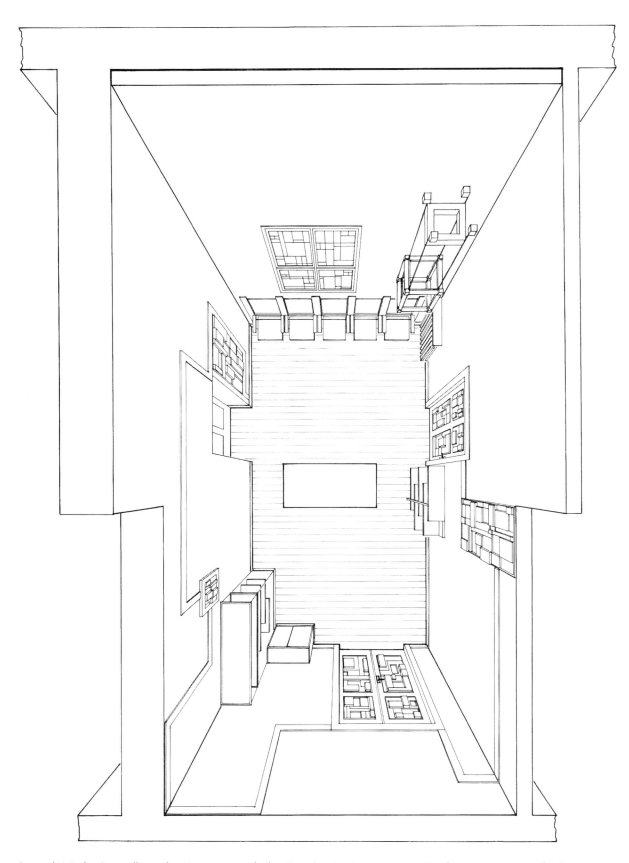

Perspektivische Darstellung des Vorraums nach der Situation im Sommer 1923. Zeichnung: Susann Vollrath

und einem Nachführen des Blickes auf den Putzleisten vollständig erfahrbar. Die Verbindungen traten sodann in ihrem Linienfluß klar hervor; aber das Spielerische und Willkürliche der Anordnung ließ keine räumliche Logik erkennen, sondern eher einen willkürlichen Bildzusammenhang, der allein in der formalen Verwandtschaft der Elemente nach den Prinzipien der Rechtwinkligkeit und des Kubischen erkennbar wird.

Die Assoziation mit einem geometrisierten Kosmos, der viel stärker Chaos als Ordnung verspricht, ist hier nicht fern. Die freie Variation des Themas vom Rechteckkubus, fortgeführt auf den verschiedenen Flächen in unterschiedlicher Lage und Größe, läßt sich als künstlerischer Gedanke herausfiltern. In diesem Raumkonzept treten die Leidenschaft und das Ausdrucksstreben des Expressionismus hervor. Möbel und Beleuchtungskörper sind ihm strukturell gewiß nicht fremd, sie begleiten den herrschenden Geometrismus, aber in ihrer Flächen- und Linienkomposition werden sie als eigenständige Objekte erfaßbar, die für sich Raum beanspruchen. Am klarsten geben die beiden Schränke in der Ecke neue rationale Formen vor.

Der sogenannte „Ittenraum" war als „Gesamtkunstwerk" gedacht und wurde von Itten so begonnen. Wegen der ungünstigen Raumgeometrie mußte es von vornherein Gestaltungsprobleme geben. Mit dem Funktionswandel und dem Wechsel in der künstlerischen Leitung im Frühjahr 1923 veränderte sich das Ausführungskonzept, das wohl im Widerspruch zu den ursprünglichen Intentionen gestanden haben mag. Die Komplettierung in der zweiten Gestaltungsphase durch Albers und Gropius ergab einen mit neuen Objekten ausgestatteten und formal veränderten Raum, der einen Wandel spüren läßt. Es ist allerdings schwerlich möglich, aus dem Resultat eine homogene und künstlerisch vollendete Raumgestaltung herauszulesen.

Paraphrase über einen neuen Kosmos

Beschreibung des Direktorenzimmers

Eine notwendige Vorbemerkung. Wir sagen heute, eine Beschreibung sollte nicht bei den Einzelmotiven stehenbleiben, sondern richtet den Blick über sie hinaus – auf den Sehvorgang selbst: die Verbindung der physisch getrennten Einzelheiten in der Anschauung. Das inhaltliche Zusammenwirken der Formen wird gesucht: die Weiterleitung des sehenden Erfassens zu einem visuellen „Geschehen".[1] Diese Methodik ist besonders gut geeignet, die neue Herangehensweise der Architekten der Moderne an die Gestaltungsaufgabe zu erfassen. Im Vergleich zur klassischen Architektur und den historischen Stilkonzeptionen, wo Körper und Raum stets als kategorische Begriffe mit „geschlossenen" Bildvorstellungen kombiniert wurden, brachen die damaligen Akteure mit diesen tradierten ästhetischen Begriffen. Der Entwurf des Gropius-Zimmers gründet sich auf den Versuch einer neuartigen Raumdefinition. Wir stehen hier mit am Anfang der Raumauflösung, die in der Beschreibung ihren entsprechenden Niederschlag finden mußte.

Das Zimmer ist in einen vorhandenen Raumkubus von beinahe exakt 5,0 x 5,0 x 5,0 m eingefügt. Ein ehemaliger langrechteckiger Atelierraum mit einem großen, 4 x 6teiligen Stahlfenster auf der Nordseite bot die Grundfigur, die nur durch geringfügige bauliche Maßnahmen vervollkommnet zu werden brauchte. Eine leichte Trennwand, im Abstand von 2,0 m von der Flurseite eingefügt, schafft die klar definierte Würfelform für den Hauptraum. Diese Abgrenzung scheidet einen Vorraum aus, der durch eine seitlich angeordnete Vorhangwand mit dem Hauptraum verbunden ist. Wegen fehlender direkter Belichtung und ungünstiger Proportionen war der Vorraum eigentlich ungeeignet, um als repräsentativer Zugang zu dienen. So fiel ihm wohl die Funktion einer Raumerweiterung mit Abstell- und Archivmöglichkeiten zu. Zudem kann aber die Möglichkeit eines Eintritts in den Raum als eine theatralische Interpretation des Hineinleitens nicht ausgeschlossen werden: Es gibt die Verbindung von Tür- und Raumachse, und es bot sich quasi das Durchschreiten eines aufgezogenen Bühnenvorhangs an. Für diesen Fall ist der schmale und steile Raum, gehalten in einem dunklen Blaugrau, für den Betrachter ausgeblendet worden, wenn er bei gleißendem Gegenlicht des Atelierfensters oder auch der Soffittenanlage von dieser Seite in den Raum eintrat. So ist die Lösung dieses Raumzugangs, den man als eine Ableitung aus der gegebenen Raumstruktur ansehen muß, ambivalent und keineswegs ideal. Der eigentliche Zugang zum Direktor führte vom Vorzimmer („Warteraum") aus über eine doppelte Tür in der halbmetertiefen Seitenwand. Der Weg vom Vorzimmer leitete den Besucher zuerst gegen die Fensterwand, wo sich der Raum wegen der Decken-

---

1) Nach Franz, Erich: Räume, die im Sehen entstehen. Stuttgart 1998

gestaltung nach oben hin aufweitete, dann zum relativ beengten Türeinschnitt nach links. Über eine Knickachse, die keinesfalls einer barocken Enfilade entsprach, gelangte man so in das „Allerheiligste". Das Vorzimmer, im Grundriß nur wenig schmaler als das Direktorenzimmer, war durch lineare Gipsleisten und Reliefflächen in den Wandstrukturen auffällig differenziert und erhielt so Flächen- und Linienspannungen, die den Raum lebendig hielten und mit ihrem dekorativen Geometrismus auf die Formensprache des Direktorenraums vorbereiteten. Dazu trug auch das Mobiliar von Albers bei, das im einzelnen wie konstruktivistische Planoplastiken gebildet war und neuartige Möbelkörper vorstellte.

Der Kubus, genauer: der euklidische Würfel als Grundkörper, ist das Thema der Raumgestaltung im Inneren. Es gilt für den Umfassungsraum ebenso wie für den einbeschriebenen kleineren Kubus, der durch die Wandbespannung der westlichen Wand, den Wandvorhang der Südwand in der Wandebene sowie durch den Teppich markiert wird. Hier erstaunt eine Entdeckung: Das Verhältnis von Raumkubus zu kleinerem Kubus entspricht in der Kantenlänge genau dem linearen Verhältnis des Goldenen Schnitts (5,0 : 3,15 m), während das Höhenmaß etwas größer ist und bei 3,40 m liegt. Dieses Maß kann als optische Korrektur gedeutet werden: Ein leicht überhöhtes Quadrat bietet die Wahrnehmung der Idealfigur, zumal sie in der unteren Zone durch Möbel verstellt wird und auch, weil die Übereckstellung der beiden Quadrate eine zusammenhängende Rechteckfigur erzeugt. Es folgt aber auch aus der Anpassung an bestimmte Raumverhältnisse, wie bei der Bezugsetzung der Beleuchtungsanlage zur Tür. Der in den Raum hineinprojizierte Würfel erhält eine lineare Kontur: In der Höhe der Oberkante der Wandflächen nimmt das Gestänge der Beleuchtungsanlage mit den Soffitten die Kubusform auf, so daß die Ecke des Kubus genau im Bereich der drei Koordinaten der Soffitten erscheint und so graphisch und – bei elektrischem Betrieb – sogar leuchtend herausgehoben wird. Auch die Soffitten an den Wandanschlüssen nehmen dieses Motiv der Eckbetonung der horizontalen Koordinate auf. Die senkrechten Abhängungen und die fünf horizontalen Aluminiumstangen über der Türkante führen die Kubusform in einigen Linien vertikal bzw. in der Querebene seitlich fort. Die untere horizontale Soffitte bricht allerdings aus den räumlich definierten Würfelkanten aus und zeigt in die entgegengesetzte Richtung, die von der linken Türkante aufgenommen wird. Insgesamt wird damit auch ein räumliches Kontinuum angedeutet, das sich – ausgehend vom inneren Kubus – ausbreitet und schließlich seine Fortsetzung findet in farbigen Wandflächen, dem gelben Deckenspiegel und auch in dem gelben Eckwinkel an Fensterseite und Ostwand. Alle Flächenformen der Wandmalerei und der Tür stehen in Beziehung zu dieser Würfel-

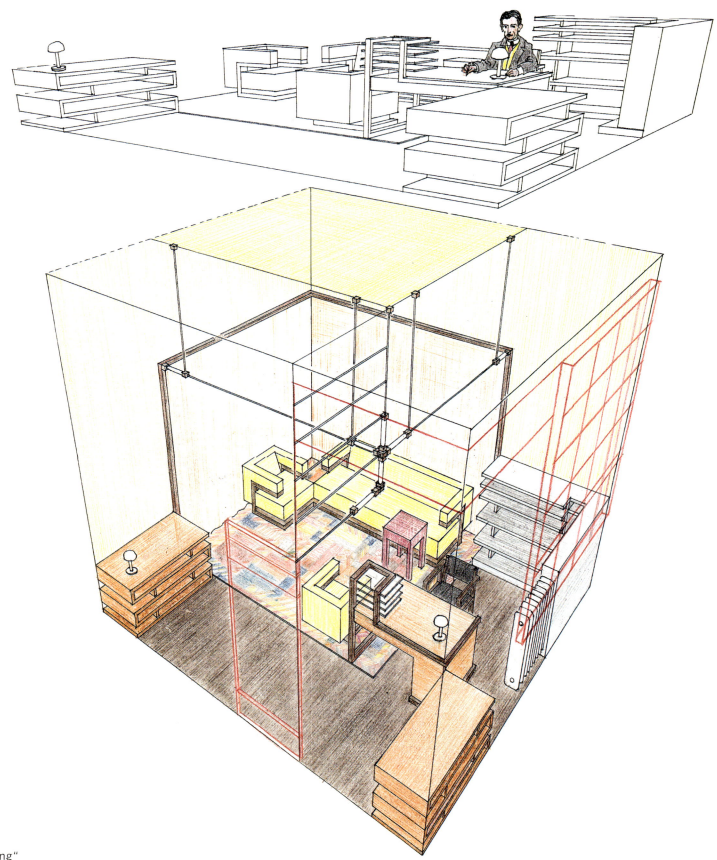

„Auferstehung"
Perspektivische Darstellung der räumlichen Verhältnisse im Direktorenzimmer nach den Befunden. Klaus-Jürgen Winkler. 1999

Geometrie, von der sie gleichsam Richtung und Konturen erhalten. Ein geometrischer Bezug zum Fenster ist mit der rechten Laibungskante hergestellt, auf die genau die innere östliche Würfelfläche fluchtet. Weitere Verhältnisse waren bei den Gegebenheiten der Sprossung auch nicht erreichbar, wenngleich das rektanguläre Liniennetz der Sprossen und die hellen Rechteckflächen das Horizontal-Vertikal-Prinzip aus der Gestaltung des Raumes aufzunehmen scheinen.

Der kleine Raumkubus ist funktionell und in der praktischen handwerklichen Ausführung ein herausgehobener Bereich; er markiert nicht nur die kompositorische Mitte des Raumes, es ist die Hauptzone. Die Konturen der Kantenleisten beschreiben Quadrate, die Flächen erscheinen farbähnlich im Gelborange des Seidenvorhangs und der Bastbespannung. Diese Seitenflächen des Kubus werden im Fußboden exakt ergänzt durch die quadratische Bodenfläche des Knüpfteppichs von Benita Otte in den Maßen von 3,15 x 3,15 m. Dieser hebt sich vom dunkel gestrichenen Lärchenholzfußboden im Raum ab, wobei er mit seinen blauen, violetten und gelben Tönen zum Untergrundton des Caput mortuum im Kontrast steht und durch eine lebhafte geometrische und mehrfarbige Musterung hervortritt. Rektanguläre und diagonale Motive, angelegt in einem Quadratraster, bestimmen seine Form. Auch die Weichheit des Materials trägt zur Sonderung dieser Zone bei. Dieser Bereich umfaßt die Möbel der Sitzgruppe. Es ist der Raum für ein Gruppengespräch bis zu fünf Personen, das keine hierarchische Ordnung in der Hervorhebung des Direktorenplatzes erkennen läßt. Zum langen Sofa stehen die beiden Sessel seitlich und gegenüber, alles aus klaren kubischen Formen gebildet und mit zitronengelbem Stoff einheitlich bespannt. Dazu tritt der kleine Tisch, der sich in die Kontur eines stehenden Quaders einbeschreiben läßt. Es sind kantige Möbelformen in behäbiger Wuchtigkeit, gemildert durch das Gelb und die weiche Oberfläche des Wollstoffs sowie durch die Nachgiebigkeit der Federkernpolster. Alle diese Möbel sind in ihren Konturen präzise Ausarbeitungen aus Würfel- und Quaderkörpern, die streng in Kantenbeziehung zueinander, zum Teppich sowie auch zum Schreibtisch stehen. Der Tisch bildet gleichsam den Drehpunkt im Grundriß, zu dem sich alle Möbel in einem asymmetrischen Gleichgewicht befinden. Als einen Kontrapunkt dazu kann man Schreibtisch, Arbeitssessel und Eckregal ausmachen, die den zweiten wichtigen Funktionsbereich des Zimmers umfassen: Den Arbeitsplatz des Direktors. Die räumliche Einheit ist zwar durch die Stellung dieser Möbelgruppe außerhalb des inneren Kubus gestört, durch ihre exakte Beiordnung bleibt sie aber formal mit der Sitzgruppe verbunden. Dazu trägt auch das in genügender Reichweite stehende Eckregal bei, das den Bereich raumgreifend umschließt. Die räumliche Bewegungsachse, der Zugang zum Direktorenplatz, ist etwa auf die Mitte des inneren Kubus ausgerichtet. Es ist vielleicht nicht abwegig, hier von einer fließenden Raumbeziehung zu sprechen, die beide durch Möbelkörper architektonisch gefaßte Funktionsbereiche charakterisiert. Zugleich nimmt der Schreibtisch in der Längsrichtung genau die Flucht der Teppichkante auf, während er aber etwa einen halben Meter auf dem Teppich aufsteht und sozusagen in den gedachten inneren Kubus eindringt. Die formale Koordinierung des Schreibtisches mit dem Achsensystem der Beleuchtungsanlage gelingt mit dem linken aufsteigenden Arm der Ablage, der genau in der Verlängerung der senkrechten Soffittenachse liegt und damit die „Ecke" des Kubus markiert. Der Schreibtisch, im Korpus bestehend aus einer flachen Schubkastenebene und einem linkssitzenden Aktenkörper, mit seiner mäanderförmigen Rahmenkonstruktion und der aufragenden Ablage ist gewiß das auffälligste Möbelstück im gesamten Ensemble. Als einziges Element reicht das Regal über die gedachte obere Ebene aller Möbel hinaus. Es wirkt wie ein Turm aus Halbrahmen mit abgehängten Geschoßebenen, die hier aus den drei Glasscheiben gebildet werden. Die funktionelle Logik – Lichtführung von links, Ablage an der Zugangsseite, Schreibplatz in der Mitte – ist genau bedacht und entspricht zugleich auch der formalen Einordnung des Schreibtischs im Raum, für den er wohl bewußt entworfen wurde. Das bewegte Zickzackmäander der Rahmenkonstruktion, die in formalen Kantenleisten fortgeführt wird und so den Körper „umrundet", ist auch das bestimmende Gestaltungsmittel für alle anderen Möbel, wo wir es in einer Modifikation wiederfinden. Bei den Polstermöbeln geht der untere Kufen-Rahmen über die Senkrechten in die abgewinkelten Kragarme der Armauflagen über. Dem stabförmigen „Mäander" der Möbel des inneren Kubus und des Schreibtischs entspricht bei den großen Regalen das dreifach gefaltete Flächenmäander. Nur noch rudimentär ist dieses Motiv beim Eckregal vorhanden: im Rücksprung der Bodenkanten in der Ecke sowie im senkrechten Verlauf der Seite neben dem Heizkörper. Hier ist eine einfache Etagenschichtung, die aus der Regalfunktion folgt, formbestimmend, wobei die konstruktiven Seitenbretter zurückgesetzt wurden und so der horizontalen Charakteristik stärkeren Ausdruck verleihen. Als Akten- und Zeitschriftenablage dienen die oberen Etagen, für Ordner und Bücher findet sich reichlich Platz auf den unteren Böden; ein Rücksprung an der Ecke, quadratisch im Grundriß, läßt einen vertikalen Raum offen, wo Zeichenrollen oder ähnliches eingestellt werden können. Dieses Regal bildet eine aus zwei Elementen gebildete Raumecke, die den Arbeitsbereich des Direktors wirkungsvoll einfaßt.

Bleibt noch der Eingangsbereich, der von der Tür, dem Vorplatz vor dem Schreibtisch und den beiden seitlichen Mäanderregalen bestimmt wird. Diese Zone ist ein längsrechteckiger Raum im Seitenverhältnis von 1 : 2,7, der gleichsam den inneren Kubus flankiert. Er diente als Bewegungsfläche für den Ein- und Austritt an der Tür, war wohl unmittelbarer Empfangsbereich des Direktors, ermöglichte einen bequemen Zugang zu den Regalen, die wohl auch Ausstellungsfunktionen übernehmen sollten, und bot auch der Sekretärin die Möglichkeit, das Ablageregal am Schreibtisch mit Post zu beschicken und an den Schreibtisch zu treten. Die symmetrisch aufgestellten Regale sollten vor allem Zeitschriften und liegende Bücher aufnehmen; für aufgestellte Bücher im Format über A5 würde allerdings die Fächerhöhe nicht ausreichen. Die große Tiefe des Regals ist allerdings nachteilig für die Einsicht und die Wahrung der Ordnung in den Fächern. Die Platte erhielt als Auflage eine in das Furnier vertiefte Spiegelglasscheibe mit dem Vorzug der leichten Reinigung. Der Glanz des Glases setzt sich in den Glasplatten über dem Schreibtisch und auf seiner Arbeitsfläche in dieser Ebene fort. Formal wiederholt sich der Rhythmus des Zick-Zacks in der Faltung der Böden- und Seitenflächen im jeweiligen Pendant. Die dunklere Färbung des Kirschholzes entspricht den Mäanderhölzern des Schreibtischs und der Polstermöbel. Etwas außermittig an der Wand zwischen den beiden Regalen liegt die Tür, wobei die Symmetrie gestört ist. Wegen der bündigen Anordnung an der Putzkante, in der Ebene der oberen Anschlüsse der Beleuchtungsanlage, folgt diese Anordnung der Logik der großen Raumteilung. Das Türblatt, das links angeschlagen ist und über einen seitlichen rechten Bügelgriff bewegt werden kann, sitzt rahmenlos auf der glatten Wandfläche auf. Darüber sind attikaartig zwei unterschiedlich hohe Blendbretter angeordnet, die die Rechteckfläche nach oben hin vergrößern. Die Höhe wurde durch den Anschluß der unteren horizontalen Soffitte festgelegt. Kaum wahrnehmbar, aber bemerkenswert ist, daß diese Fläche in der Höhe das verdoppelte Maß des Goldenen Schnittes besitzt. Der Textilbehang von Else Mögelin wurde – gefaßt von einem Metallrahmen – auf das Türblatt aufgespannt. Das Motiv eines rektangulären Liniennetzes mit eingebundenen Quadrat- und Rechteckformen ist wohl eigens für diese Türgröße ausgewählt worden, wobei sich ein restlicher Sockelstreifen ergab, der die gleiche Höhe besitzt wie das Brett am Türsturz. Dieser Webarbeit kommt als einzigem Gegenstand der Raumgestaltung der Charakter eines Bildwerkes zu. Die Tür wird damit aber in ihrer Funktion verschleiert, als Zeichen des Aus- und Eingangs verfremdet. Ein Besucher hat Mühe, den Griff zu erkennen, den er bewegen muß, um den Raum zu verlassen. Als Blickfläche ist sie jedoch über alle Maßen aufgewertet. Es ist ein abstraktes Bild, das in der Blickachse des sitzenden Direktors liegt, und hinter dem Bild öffnet sich nach dem Umschwenken die profane Welt, die ihm in Gestalt der herangezitierten Mitarbeiter und der angekündigten Gäste entgegentritt. Die geöffnete Tür gibt den Blick frei auf die zweite Tür, die in einem kräftigen Rot erscheint und nach außen in einer tiefen Laibung aufschlägt.

Wirkungsbeschreibung

Es gibt entsprechend der beiden Zugänge zum Raum zwei Erlebnisachsen: Nach dem Durchschreiten des Vorraumes, dem theatralischen Öffnen des Seidenvorhanges nach den Seiten hin der Blick zum Arbeitsplatz und dem Fenster, die Raumwahrnehmung gegen das Licht, die vor allem eine Schichtung der Möbelgruppen erkennen läßt (die heutige Situation). Oder nach dem Zutritt über den „Warteraum" und den niedrigen, geradezu belanglosen Zugang über die bescheidene Tür in der Querachse. Den Raum kann man bei rechtem Seitenlicht etwa in der Mitte erfassen. Für die Wahrnehmung der räumlichen Komposition als Ganzes ist die zweite Möglichkeit die günstigere, die eine bessere Übersicht, den nötigen Distanzraum und auch körperbetonendes Seitenlicht bietet. Dieses Raumerlebnis sei zunächst beschrieben.

 Der hohe kubische Raum, dessen Gestalt erst nach einer ausgedehnten Orientierung in seiner Form ins Bewußtsein tritt, hat in seiner lichten Oberfläche, der hellen Fensterfläche rechts, den leicht akzentuierten Farbflächen den Charakter einer zurücktretenden, sich scheinbar ausdehnenden Hülle. Deren Formen sind nicht gefaßt, sondern scheinen sich als selbständige, aber streng geometrisch aufeinander bezogene Elemente von der Mitte aus wegzubewegen. Diese Wahrnehmungsebene enthält außer den konstituierenden Wänden nichts, was zur Klärung des euklidischen Raumbildes beiträgt, keine Rahmungen, keine konventionellen Mitteln der Raumfassung, wie klassische Deckenspiegel und Wandfassungen. Allein die dunkle Fußbodenebene bietet einigen Halt als Standfläche, hilft aber wegen der durch die Möbel verdeckten Randkonturen nicht wesentlich, die Raumgeometrie optisch zu klären. Am augenscheinlichsten kann die zentrifugale Wirkung der Raumwände in der „Spiegelung" der Teppichebene in der gelben Deckenfläche wahrgenommen werden. Die Vorhangwand und die Wandbespannung des inneren Kubus finden in dem gelben Eckwinkel, der an der oberen rechten Fensterlaibung anschließt, ihre perspektivisch veränderte Entsprechung. Es ergibt sich quasi eine diagonale Flächenspiegelung. Auch das lichte Blaugrau der benachbarten nördlichen Wandflächen in Verbindung mit dem Fenster läßt die Raumumfassungen in die Ferne streben. Dieser Effekt, den Raum als einen sich entfaltenden Kosmos von Flächen- und Linienelementen zu erleben, ist erst wirksam durch ein klar formiertes Zentrum in der Raumkomposition mit dem inneren Kubus.

Mit dieser Form ist die Mitte gebildet, die für den eintretenden Betrachter leicht schräg, mit dem Blick in die Raumecke der gerahmten Wandfelder und auf die gelbe Möbelgruppe mühelos erfaßbar wird. Wie in einer Messekoje, gebildet aus zwei rechtwinklig gestellten Scheiben und einer eingeschlossenen Bodenfläche mit ausgestellten Möbel-Objekten, wird ein Raum ausgesondert, dessen Würfelform im Vordergrund und seitlich in der Horizontallinie der Beleuchtungsanlage komplettiert ist. Der zweiseitig offene Kubus wendet sich dem Betrachter zu, so, als sollte er darin empfangen werden, und nach wenigen Schritten kann er die gedachte Grenze durchschreiten. Die Dimension ist, gemessen am Maßstab der Möblierung, etwas gesteigert, so daß dieses Zentralmotiv der Raumarchitektur nicht ohne Pathos in Erscheinung tritt. Mit diesem „Würfel in der Ecke des Würfels" wird das Raumbild geklärt; an dieser Stelle ist der Innenraum als Würfel geometrisch vollendet und auch so erlebbar. Dazu trägt der Einsatz der Farben bei: Der Gelbton der Wandgestaltung wird in zitronengelben Sitzmöbeln intensiviert; eher komplementär als vermittelnd verhält sich die vielfarbige Teppichfläche, die durch Rot-, Gelb-, Blau- und Violettöne ihren Grundklang erhält und den Raum an dieser Stelle veredelt. Alle anderen Formen erscheinen als Ableitungen der Würfelgeometrie. Zur Klärung der Raumverhältnisse diente die Festlegung, daß alle Möbel der Sitzgruppe die Höhe der Schreibtischplatte besitzen und so in ihrer Aufsichtsfläche auf einen gemeinsamen Horizont hinweisen. Ausnahmen sind die etwas höheren Mäanderregale und besonders das Eckregal am Fenster, das, außerhalb des inneren Kubus stehend, auf das Fensterbrett Bezug nimmt und so in der Kompositionseinheit mit dem Fenster und der Nordwand aufgeht. Diese Ecke durchbricht die auf Harmonisierung angelegte Möblierung; hier wird ein anderer Maßstab hart ins Bild gesetzt, der von der vorgegebenen Architektur des Fensters ausgeht. Eine Akzentuierung der Würfelkante, vielleicht als die Drehachse in der Möbelkomposition gedacht, bietet das aufragende und geschichtete Ablageregal des Schreibtischs, das als auffälliges Objekt sofort in den Blickpunkt des Betrachters tritt.

Die Möbelgruppen sind zunächst als Komplexe aus geometrisch ähnlich gebildeten Formtypen wahrnehmbar: Die Sitzgruppe und der Arbeitsplatz mit dem umschließenden Eckregal. Mit Ausnahme der symmetrischen Anordnung der Mäanderregale, die aber wegen ihrer räumlichen Entfernung im Blickwinkel kaum gleichzeitig erfaßt werden können, zeigen alle Elemente in der Anordnung eine Unregelmäßigkeit, die aber zu einem spannungsvollen Ausgleich geführt wurde: Sofa und Tisch, Eckstellung des Sessels am Sofa zu dem Sessel am Schreibtisch; Schreibtisch, Sessel und abgewinkeltes Eckregal. Als ornamentale Gemeinsamkeit nimmt man bei näherer Betrachtung der Einzelstücke die Variation des „aufgeschnittenen" Kubus wahr (besonders die Sessel sind konsequente Ableitungen aus der Würfelgeometrie von 73 x 73 cm) sowie die konturen- und konstruktionsbeschreibenden Winkelformen, die sich – wie am Schreibtisch – zu Rechteckschleifen in lautstarker Zick-Zack-Dynamik entfalten. Wie im Jugendstil die Peitschenschlag-Linie mit stilisierten Naturformen Wände und Möbel überzog, wurde hier ein harter Maschinenrhythmus auf die Gegenstände übertragen. Elegant scheint die räumliche Mäanderlinie den Schreibtisch zu umkreisen, während die schweren Kufen der Polstermöbel kantig in die kräftigen Konsolen der Armstützen übergehen. Nach dieser Stilistik richtete sich der gezeichnete, aber nicht gebaute Arbeitsstuhl des Direktors, ein formal angemessenes, aber nicht besonders funktionsgerechtes Gebilde.

Mit der Leichtigkeit und Anpaßbarkeit für einen betriebsamen Büroarbeiter gestaltet, stand an dieser Stelle 1924 ein Arbeitssessel nach dem Entwurf von Erich Dieckmann. Dagegen sind die klobigen Sessel und das Sofa nichts anderes als Formen repräsentativer Behaglichkeit. Die kubisch gebildeten Polster sind mit einem weichen Wollstoff überspannt. Dem darin versinkenden Besucher wird geschmeichelt, als wäre diese neue Welt seine Welt. Analog zeigen die einfachen Brettregale in ihrer unterschiedlichen Schichtung geordnete Funktionalität, bei den formal gezeichneten Mäanderregalen begegnet man dagegen wuchtigen Ausstellungsträgern, die durch ihre Form beeindrucken sollen.

So gehen Form und Funktionalität in den einzelnen Bereichen und bei einzelnen Elementen verschiedene Wege. Trotzdem ist die übergreifende Stilistik, die Fassung des Raumes als ein einheitliches künstlerisches Bild, als Raumkomposition, maßgebend und wirkungsvoll. Der Raum als „Kosmos" bestimmt den Platz und die Form der Elemente. Und die Raumgestaltung zielt auf ein Gesamtkunstwerk.

Der Raum ist wie ein Kanon nach formalen Regel festgelegt. Kein Element darf seinen Ort verlassen, ohne einen Mißklang hervorzurufen. Sessel und Sofa stehen genau im rechten Winkel übereck zueinander; eine Querstellung eines Sessels oder des Tisches würde einen Ausbruch aus der Diktion der Rechtwinkligkeit hervorrufen. Den Ort des Schreibtischs legt die senkrechte Achse aus der Soffittenleuchte genau fest, denn sie führt in gedachter Linie exakt in den Rahmen des Ablagegestelles. Die Flucht des Korpus ist auf Teppichkante und Sessel festgelegt. Eine Verschiebung würde den Schreibtisch aus der räumlichen Ordnung entfernen und beziehungslos auch zu anderen Koordinaten erscheinen lassen. Einzig dem Arbeitssessel wird eine begrenzte lokale Beweglichkeit zugestanden. Die Raumgestaltung ist somit kompositorisch geschlossen, als Bild und als Motiv vollendet. Wehe, wenn diese Ordnung gestört wird!

Vielleicht war es das architektonisch-städtebauliche Denken, das analog zur Fixierung von Immobilien auf einem Grundstück hier eine Parallele in einem Innenraum fand: Einmal nach funktionalen und formalen Kriterien gesetzt, bleiben die Objekte unverrückbar. Ähnlich formal, aber mit dem besonderen Pathos der Repräsentation versehen, waren die Möbelgruppen im Barcelona-Pavillon und im Haus Tugendhat von Mies van der Rohe fixiert. Obwohl frei im „fließenden Raum" inselartig geordnet, vollenden sie die luxuriöse Komposition. Die funktional aufgefaßten Raumgestaltungen der Moderne, wie wir sie im Dessauer Bauhaus finden können, haben aber diese Zwanghaftigkeit zugunsten mobiler Möbelarrangements aufgegeben. Die Schleife des Stahlrohrmöbels benötigte keine Raumkoordinaten zu ihrer Fixierung; der zusammenklappbare Tisch oder der zerlegbare Sessel, der fahrbare Schrank berücksichtigten die Mobilität des modernen Lebens.

Die Befunde vor Ort

Für eine gesicherte Rekonstruktion des Raumes war es geboten, da die übrige Quellenlage spärlich war, über die archäologische Untersuchung des Raumes zu einem möglichst geschlossenen Bild zu kommen. In den letzten drei Jahren näherten wir uns an der Bauhaus-Universität von einem vorsichtig umrissenen Vermutungskonzept, das uns die drei Abbildungen des Gropius-Zimmers vorgaben, stufenweise der Gewißheit über den wirklichen Raum, wie er 1923/24 ausgesehen hatte.

Es erscheint merkwürdig, wenn wir bis Dezember 1997 immer noch Zweifel hegten, ob es dieser ehemalige Raum 26 auch tatsächlich gewesen ist. Die Raumgeometrie, die wir aus den Bildern entnehmen konnten, war durchaus nicht einmalig im Hause; sie traf auf mindestens drei oder vier andere Räume annähernd auch zu. Da die Räume im Hochschulbetrieb benutzt wurden, war keine ungestörte und gezielte Untersuchung möglich. Ein sicheres Indiz gab uns neben den Proportionen im Fensterbereich zunächst die Wandkante, an der die Soffittenbeleuchtung seitlich anschloß. Von einer ehemaligen Trennwand gab es aber keine offen sichtbare Spur, frühere Farbeintragungen und Dübellöcher, wenn sie überhaupt existierten, so vermuteten wir, könnten sich unter den mehrfach erneuerten Wandanstrichen verbergen. Die Sicherheit wuchs, nachdem ein ehemaliger Mitarbeiter von Prof. Horst Michel berichtete, daß in den 50er Jahren im Zusammenhang mit dem Aufbau des Instituts für Innengestaltung diese Raumgruppe im 1. OG umgestaltet wurde. Prof. Michel sei nicht ohne Symbolik in den ehemaligen Gropius-Raum gezogen. Er habe bauliche Änderungen vornehmen lassen. So wurde die Verbindungstür zum Nebenraum verlegt. Auch wurde im früheren Direktorenraum an der Ostseite (Raum 24) zur Verbesserung der Lichtverhältnisse ein Fenster eingebaut. Reste der ehemaligen Raumgestaltung gab es damals schon nicht mehr.[1] Einen ersten Versuch, Spuren unter den rissigen Farbschichten zu finden, unternahmen Michael Siebenbrodt und der Autor im Jahre 1997. Regale mit Architekturmodellen verstellten damals die Wände. Oben hingen noch die Leuchtenkonstruktionen von Jochen Burhenne, die für die Ausstellung im ehemaligen „Michel-Kabinett"[2] eingebaut worden waren. Ein umlaufendes Rohr in der oberen Kehle war damals zur Abhängung von Bildern angebracht worden, alles Hindernisse für unser Vorhaben der Spurensuche. Am aussichtsreichsten erschienen uns die nördliche und die östliche Wand, wo der markante gelbe Streifen der alten Wandmalerei vermutet wurde. Außerdem erwarteten wir am Wandvorsprung Spuren für die Anschlüsse der alten Leuchtenkonstruktion. An den anderen Wandfeldern, wo wir Hinweise auf die Trennwand und die Wandbespannungen erwarteten, kratzten wir vorsichtig die Farbschichten punktuell mit dem Skalpell an. Der Fußboden lag damals unter einem dicken Belag und war für eine Untersuchung

1) Gespräch des Autors mit Dipl.-Ing. Helfried Lack
2) Ausstellungsraum zur Dokumentation des Wirkens von Professor Horst Michel und der Mitarbeiter des Institutes für Innengestaltung. Vgl. Anm. 57

nicht zugänglich. Das Ergebnis, das natürlich noch keineswegs professionellen Ansprüchen genügen konnte, war enttäuschend. Es gab keine überzeugende Spur, die mit Sicherheit auf den Zustand von 1923/24 schließen konnte. Wir nahmen an, daß die alten Farben gründlich abgewaschen worden waren. Außerdem fanden wir viele frisch verputzte Stellen im Deckenbereich. Wenn wir wenigstens einige Farbreste gefunden hätten, wäre die Gewißheit für einen weiteren lohnenswerten Einsatz eines Farbrestaurators zur Spurensuche größer gewesen. Statt dessen hegten wir weiter unsere Zweifel, ob mit den spärlichen Quellen eine Rekonstruktion überhaupt erwogen werden sollte. Mit dem Auszug der Lehrstühle wegen der bevorstehenden Sanierung des Hauptgebäudes im Mai 1998 wurde diese Raumgruppe frei. Auch der Fußbodenbelag konnte endlich entfernt werden. Für uns war das eine Gelegenheit, die Spurensuche nochmals aufzunehmen. Diesmal fielen uns die Beweise bei jeder vorsichtigen Annäherung nur so zu: Im Fußboden fanden wir das Zapfloch für den Ständer der ehemaligen Trennwand. Im seitlichen Anschlußbereich zeichneten sich in regelmäßigem Abstand zugegipste Dübellöcher ab. Eine Überraschung brachte die Suche nach der Wandbespannung: An der Stelle der Leiste war eine braune Farbspur genau auszumachen, die entstanden war, als die schon befestigte Leiste ihren Anstrich erhielt. Im Anschlußpunkt des Rohres der früheren Beleuchtungskonstruktion kam ein großer Gipsfleck zum Vorschein. Jetzt, nach der behutsamen Freilegung der Farbschicht an wenigen Stellen, war sichtbar, daß eine systematische Spurensuche Erfolg haben könnte. Wir hatten erste sichere Beweise gefunden: Es konnte keinen Zweifel mehr geben, dies sind Spuren des ehemaligen Direktorenzimmers! Nun erst kam das Argument ins Wanken, für eine Rekonstruktion gäbe es keine ausreichende Beweisgrundlage in den Einzelheiten. Erreichbar war jetzt mehr als eine reine fiktionale und nur bildgestützte Nachgestaltung.

Die gefundenen Spuren erforderten sofort Sicherungsmaßnahmen in dem Gebäude, das sich in eine substanzbedrohende Baustelle zu verwandeln schien. Der noch originale Holzfußboden aus Lärche mußte vor Bauschäden geschützt werden. Der Raum wurde von den generellen Sanierungsmaßnahmen separiert. Es war für unser Projekt ein Glücksfall, daß die bauhistorischen und restauratorischen Untersuchungen im Hauptgebäude erst recht spät nach dem Sanierungsbeginn eingeleitet wurden. So konnte rechtzeitig auch diese Raumgruppe um das ehemalige Direktorenzimmer mit einbezogen werden konnte. Das Restaurierungsatelier COREON wurde im September tätig. Namentlich Herr Christian Kirsten nahm sich mit besonderer Akribie unseres Raumes an.

3) Weber, Klaus: Kunstwerk – Geistwerk – Handwerk. Die Werkstätten in den ersten Jahren des Bauhauses. In: Das frühe Bauhaus und Johannes Itten, Berlin 1994, S. 228 ff.

Noch vor dieser Zeit, im Juni 1998, wurde der Autor durch eine Bauakte im Archiv der Staatlichen Bauaufsicht auf den Nebenraum aufmerksam, der schon von Weber als sogenannter „Ittenraum" beschrieben worden war,[3] aber dessen Lage und Form in vieler Hinsicht noch unbestimmt blieb. Jetzt klärte sich auch das Verhältnis von Vorzimmer – dem ehemaligen Ittenraum – und dem Direktorenzimmer. Die in der Geschichte versunkene Raumgruppe, die einst die künstlerischen Bestrebungen der ersten Jahre in den Handschriften Ittens und Gropius zeigte, hatten wir wiedergefunden. Wir wissen jetzt auch, nachdem wir die zutreffenden Fotos der Bauhausalben und die Pläne miteinander kombiniert hatten, wie diese Raumgruppe in den meisten Einzelheiten ausgestaltet war. Auch diesem Raum, damals Nr. 25, kam nun eine besondere restauratorische Aufmerksamkeit zu. Allerdings brachte sie keine besonderen und weiterführenden Erkenntnisse. Trotzdem aber waren die Entdeckung des Ittenraumes und die Ergebnisse unseres Farbrestaurators im Direktorenzimmer überraschend und durchaus spektakulär. Nach einer Phase des Zweifels und Nichtwissens hatten wir mit den vorgelegten Untersuchungsergebnissen nun eine nahezu lückenlose Dokumentation der ehemaligen Farbausführung und verschiedener technischer Einzelheiten in der Hand.

Für den Architekten, der jetzt die Ausführungsplanung in die Hand nahm, war dies eine maßgebende Arbeitsgrundlage. Mit der Gewißheit, dem historischen Objekt recht nahegekommen zu sein, beschleunigten wir in der Folgezeit die Studien zur Rekonstruktion.

Das Ergebnis des Restaurierungsateliers COREON beruht auf den üblichen archäologischen und farbanalytischen Methoden in der Bauforschung. Es ist an dieser Stelle kaum möglich, die Befunde in den Einzelheiten hier auszubreiten, dafür seien aber die Ergebnisse für unser Vorhaben zur Beweisführung und Begründung der Rekonstruktion knapp zusammengefaßt:

Ausgehend vom ehemaligen Raumkonzept von 1923/24 wurden 27 Befundstellen bewußt im Raum markiert und untersucht. Bei der Analyse mußte ein recht breiter Zeithorizont von 1904 bis zur Gegenwart berücksichtigt werden, d. h. mehrere bauliche Umgestaltungsaktionen und wenigstens viermalige Erneuerungen des Wandanstrichs. Die Bauhauszeit um 1923/24, die Ausgestaltung unter Gropius, bedeutete immer die Wandfassung III, also die dritte Stufe, und war somit in den meisten Fällen klar abzuheben. Die folgenden Anstrichaktionen setzten mit dem Abwaschen ein, so daß in einigen Fällen nur wenige Farbspuren wirklich noch vorhanden sind. Zudem kommen chemisch bedingte Farbveränderungen insbesondere bei den Gelbanstrichen in Betracht, die eine Interpolation der Farbwerte erforderte, um dem ur-

Lokalisierung der Befunde vom Restaurierungsatelier COREON im ehemaligen Direktorenzimmer

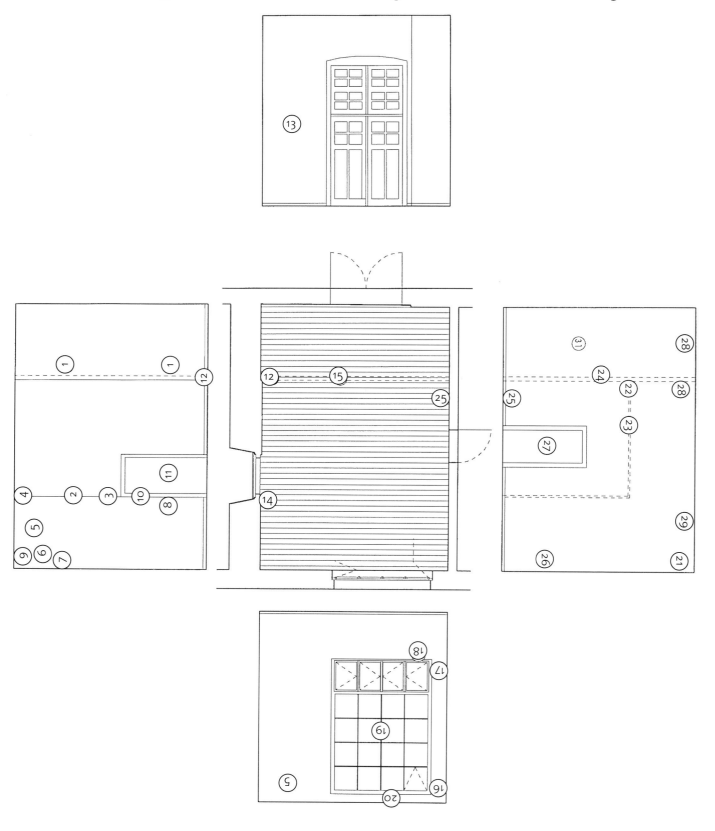

Die Ostwand

1 Auf dem Gipsmörtel des Kabelschachtes ist ein kräftiges Grau nachweisbar.

2 Entlang der Kante des Wandvorsprungs sind in regelmäßigen Abständen von 39 cm Löcher für die Halterung der Soffittenlampen zu finden. In den Löchern haben sich Reste von Silberbronze erhalten, die damit den Anstrich der Halterungsmuffen belegen. Unter der Bronze wurde als Farbton des Wandvorsprungs ein Ocker gefunden.

3 Der Wandvorsprung entstand erst mit der Raumgestaltung des Bauhauses durch das Aufbringen einer cirka 3 cm dicken Putzschicht. Bei der Verputzung sparte man ein Feld über der Tür aus, in das zwei rechteckige Holzflächen im Sinne der Raumgestaltung eingesetzt wurden. Dübellöcher für die Befestigung der Elemente wurden ebenfalls gefunden.

4 Am Deckenanschluß besteht noch die quadratische hölzerne Abdeckung der Verteilerdose, die auch auf dem historischen Foto erkennbar ist.

5 Als Farbe der Rechteckfelder beidseitig der Nordost-Ecke ist ein Gelb gefunden worden, das sich bis in die Fensterlaibung hineinzieht.

6 Die gelben Rechteckfelder an der Nordost-Ecke sind auch an dieser Stelle nachgewiesen worden. Unter dem Gelb fanden sich ein paar Spritzer Mittelgrau, dies kann als weiterer Beleg für die Farbfassung des nördlichen Deckenteils gewertet werden.

7 Hier besteht eine Malkante der gelb abgesetzten Flächen neben dem mittelgrauen Wandfarbton.

8 An dieser Stelle befindet sich ein Dübel mit quadratischem Querschnitt und einer mittigen Bohrung. Der Dübel diente zur Halterung des Schalters für die Beleuchtung. Auf der Gips-Einputzung des Dübels ist der Farbton Mittelgrau vorhanden.

9 Gefundene Wandfarbe: Mittelgrau

10 Der Wandvorsprung entstand mit der Gestaltung von 1923. Farbfassung: Ocker.

11 Die Türöffnung bestand bereits vor der Raumgestaltung von 1923. Hier befand sich höchstwahrscheinlich das Türblatt, das später in der Westwand wiederverwendet wurde – siehe Farbbefund auf der Pfanne im Fußboden (14). Diese Türöffnung erhielt einen zweiten Türflügel mit dem Mögelin-Textilbehang und ist durch die in den Fußboden eingelassene Metallpfanne nachweisbar.

12 Die Abrißkante der Fußleiste und der ehemaligen Trennwand sind als Abdruck auf Putz und Dielen nachweisbar. Die Farbtöne Schwarzbraun und darüber Caput mortuum-Braun beziehen sich auf die Fußleiste an der Trennwand.

Die Südwand

13 Die Tür in der Südwand entstammt der Bauzeit von 1904. Sie ist als zweiflügelige Tür mit Oberflügeln gebaut und war mit brauner Öllasur gestrichen. An ihr wurde bis auf die Umsetzung der Türklinke und des Türschlosses nichts verändert.
Als Wandfarbe ist durchgängig ein kräftiges Grau nachweisbar.

Der Fußboden

14 Im Bereich direkt am Fuß des Pfostens der ehemaligen Tür ist in die Dielung eine Metallplatte mit einem Loch eingelassen worden. Diese Platte stellt die Pfanne für das Gelenk des ehemaligen Türflügels mit dem Mögelin-Textilbehang dar. Auf dieser Platte befinden sich zwei Anstriche der Fußbodengestaltung:
a) Verworfene Fußbodenfassung: Schwarz-Braun
b) Gültige Fußbodenfassung: Caput mortuum-Braun
Außerdem: Rot-Spuren, die der Rotfassung des Türblattes in der Westwand entsprechen.

15 In der Dielung befindet sich ein Zapfloch der Größe 13 x 4 cm. An dieser Stelle stand der Pfosten der Trennwand, der den Durchgang begrenzte.

Die Nordwand

16 Wandfarbe Ocker

17 Wandfarbe Mittelgrau auf Putzausbesserung mit relativ gleichmäßiger Körnung

18 Als Farbfassung läßt sich unterhalb des Fensterbrettes das Mittelgrau nachweisen.

19 Das Außenfenster stammt aus der Bauzeit von 1904. Die Farbgebung zur Bauhauszeit war ein kräftiges Grau.

20 Über dem Ocker der Wandfassung befindet sich das Mittelgrau, das damit als endgültiger Wand- bzw. Deckenanstrich im nördlichen Raumabschnitt gilt; es reichte bis zur westlichen Laibungskante des Fensters.

Die Westwand

21 Wandfarbe Ocker auf Putz mit grobem Zuschlag

22 Der Bereich der ehemaligen Wandbespannung wurde von einer 5 cm breiten Leiste begrenzt, deren Abdrücke auf dem Putz noch heute sichtbar sind. Die Halterungspunkte der Soffitten sind durch Putzausbesserungen gestört; der innere Abdruck der Fassung ist im Bereich der ehemaligen Rahmung noch nachweisbar.

23 Die Wandbespannung wurde oben und an der Nordseite durch die Rahmenleiste begrenzt. Die Leisten wurden im Einbauzustand gestrichen, so daß auf der Innenseite Farbreste erhalten blieben:
a) Verworfener Anstrich: Rotbraun
b) Endgültiger Anstrich: Schwarzbraun.

24 Die Nagellöcher in gleichmäßigem Abstand belegen die Wandbespannung in diesem Bereich. Die Bespannung wurde direkt von Nägeln gehalten, die in den Putz geschlagen waren. 4 Nägel, die zur Befestigung der Wandbespannung dienten, sind noch vorhanden. Unter den Nägeln sind holzähnliche Fasern nachweisbar, was auf eine Bespannung aus bast- oder rohrähnlichem Gewebe schließen läßt.

25 Die Wandbespannung führte bis zum Fußbodenniveau oder zur Oberkante Fußbodenleiste. Reste vom Anstrich der ehemaligen Rahmenleiste sind noch vorhanden.

26 Wandfarbe Ocker auf Putzausbesserungen; Putz mit gleichmäßigem Zuschlag.

27 Der heutige Standort der Tür ist relativ jung. Das Türblatt wurde hier zum zweiten Mal verwendet und war ursprünglich rot gestrichen. Der damalige Standort des Türblattes kann mit der gegenüberliegenden Türöffnung in Verbindung gebracht werden.

28 Im Unterschied zur rechtwinkligen Deckenkehle im Raum wurde südlich der ehemaligen Trennwand die gerundete Ausputzung des Ixels von 1904 nicht verändert. Die Wandfarbe südlich der ehemaligen Trennwand war grau. Nördlich der Trennwand wurden gelbe Farbspritzer gefunden, die von einem möglichen gelben Deckenfeld stammen könnten.

29 Die Deckenfarbe des nördlichen Wandfeldes war Mittelgrau, nachweisbar durch einen einige Zentimeter breiten Streifen dieser Farbe auf der anschließenden Wandfläche, die im Zuge der Deckenarbeiten mitgestrichen wurde. Ein direkter Nachweis an der Decke ist nicht möglich, da diese neu verputzt wurde.

sprünglichen Zustand nahezukommen. Da der Deckenputz bei einer späteren Umbauaktion vollständig entfernt wurde, mußte in ihrer Umgebung nach indirekten Spuren zur ursprünglichen Farbbehandlung gesucht werden.[4]

Der Dielenfußboden, den wir in allen überlieferten Fotos im Raum aus der Zeit der Bauhaus-Ausstellung wahrnehmen können und der in der colorierten Abbildung braungrau, naturfarben, in der Bayer-Grafik aber dunkelbraun erscheint, hatte zwei deckende Ölfarbenanstriche. Die erste Fassung, die als verworfene Fußbodenfassung von 1923 angesehen werden kann, war ein Schwarzbraun. Als gültiger Anstrich folgte Caput mortuum-Braun.[5] Als Beweis dient die unmittelbar am Fuße des Türpfostens in der Dielung gefundene Metallplatte, die den Dorn des Türflügels mit dem Wandteppich aufnahm, den Gropius damals einbauen ließ. Hier liegen zwei Anstriche vor, die auf einen Korrekturauftrag schließen lassen.[6] Die gleiche Farbbehandlung ist in den Anschlußstellen der ehemaligen Trennwand, die im Fußbodenbereich Abdrücke hinterlassen hat, an den Abrißkanten der früheren Fußleiste, nachweisbar.[7] Da die Fußleisten vor längerer Zeit ersetzt wurden, können nur aus den Randspuren Schlüsse auf ihren ehemaligen Anstrich gezogen werden. Die damaligen Fußleisten wurden wie der Dielenfußboden gestrichen oder sie erhielten den Farbton der Rahmenfassung für die Wandbespannung, der sich allerdings nach den Befunden wenig unterscheidet von dem Caput mortuum.

Diese Rahmenleiste, deren 5 cm breite Konturen durch die Anstriche an der Westwand bei der Freilegung klar hervortraten, besaß ebenfalls zwei Anstriche, die den Fußbodenanstrichen der Bauhauszeit ähneln. Das Rotbraun[8] war die erste, die offenbar verworfene Fassung, die durch ein Schwarzbraun[9] ersetzt wurde. Mit diesen Befunden schwindet das Bild von einem hellen, naturfarbenen Fußboden und von wenig kontrastierenden Konturen der Rahmen- und Fußbodenleisten, wie es aus den historischen Farbabbildungen herausgelesen werden könnte.

Die früher schon festgestellten Spuren zur ehemaligen Wandbespannung an der Westwand konnte COREON präzisieren. „Die Wandbespannung wurde oben und auf der Nordseite von einer 5 cm breiten Leiste begrenzt, wobei zunächst diese Leiste angebracht worden ist ..., anschließend wurde die Leiste gestrichen ... Die Bespannung wurde vor die Rahmenleiste genagelt, so daß durch diese Leiste keine Abdeckung des Spannmaterials erfolgte ..."[10] Von der ursprünglichen Nagelung existierten noch drei bis vier Nägel, die der Befestigung der Bespannung von 1923 dienten. Sie wurden direkt in den Putz eingeschlagen. Analog zu üblichen Befunden bei textilen Wandbespannungen fand man hier unter zwei Nägeln holzähnliche Fasern, während in keinem Bereich textile Reste nachgewiesen wurden. Nach einem

4) Dokumentation „Gropius-Zimmer". COREON Restaurierungsatelier, Elxleben 1998, S. 108–123
5) Farbton Nr. 42 der COREON-Dokumentation. Ebenda
6) Dokumentation „Gropius-Zimmer". COREON Restaurierungsatelier, Elxleben 1998, S. 122
7) Ebenda, S. 123
8) Farbton 43 der COREON-Dokumentation. Ebenda
9) Farbton 44 der COREON-Dokumentation. Ebenda
10) Ebenda, S. 119
11) Ebenda, S. 120
12) Vgl.: Schöbe, Lutz: Schwarz/Weiß oder Farbe? Zur Raumgestaltung im Bauhausgebäude. In: Kentgens-Craig, M. (Hrsg.): Das Bauhausgebäude in Dessau 1926–1999, Basel, Berlin, Boston 1999
13) Untersuchungen der historischen Fotos ergab eine Webstruktur aus Rohseide.
14) Vgl. Anm. 51, Direktoren-Zimmer S. 19
15) Farbton Nr. 38 der COREON-Dokumentation; vgl. S. 108 f.
16) Farbton Nr. 36 der COREON-Dokumentation. Information von Chr. Kirsten
17) Farbton Nr. 39 der COREON-Dokumentation
18) Farbton Nr. 37 der COREON-Dokumentation, vgl. S. 114

Farbbefunde

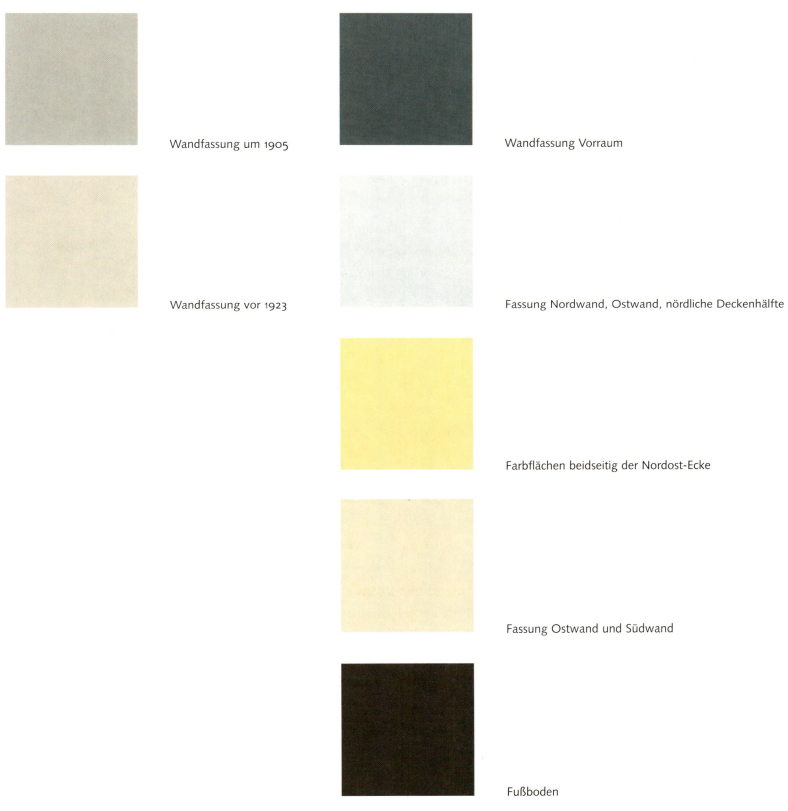

Wandfassung um 1905	Wandfassung Vorraum
Wandfassung vor 1923	Fassung Nordwand, Ostwand, nördliche Deckenhälfte
	Farbflächen beidseitig der Nordost-Ecke
	Fassung Ostwand und Südwand
	Fußboden
Farbbefunde vor 1923	Farbbefunde von 1923

Laborbericht und der Auswertung von Makroaufnahmen hat es sich offensichtlich um eine Bespannung aus bast- oder schilfrohrähnlichem Gewebematerial gehandelt.[11] Es ist direkt mit der Wandbespannung im ehemaligen Direktorenraum in Dessau vergleichbar, so wie es aktenkundig belegt ist und in jüngster Zeit rekonstruiert wurde.[12] Mit großer Wahrscheinlichkeit handelt es sich um ein gleichartiges Material. Überraschend für die Bewertung des Gropius-Zimmers ist nun, daß Wandbespannung und Vorhang, die ja nach der Bayerschen Zeichnung eine gestalterische Einheit bilden sollten, aus unterschiedlichen Materialien gefertigt wurden: Weicher Vorhangstoff, nach unseren Studien aus Seide,[13] schließt an gestraffte Rohrgewebebahnen an, die im Laufe der Zeit auch noch Farbveränderungen unterliegen. Darüber hinaus ergibt sich eine weitere Feststellung: In der so eindrucksvollen „technischen Ästhetik" des Raumes mit der Soffittenkonstruktion und der harten Geometrisierung der Körper- und Flächenformen hatten natürliche Materialwerte, analog zur Oberfläche der Möbel, ihren wohlbestimmten Platz.

Die Wandfarben gaben von Anfang an Rätsel auf. Die wichtigste Frage war zunächst herauszufinden, welchen in den Fotos nachweisbaren Flächentönungen welche Farben entsprachen. Die colorierte Abbildung des Raumes von 1925 (Abb. S. 23 rechts)[14] erschien zunächst wie ein überliefertes Farbkonzept, das es zu bestätigen galt. Im weiteren erhofften wir einen Nachweis, der die verbreitete Ansicht, es handelte sich um eine Variation der De-Stijl-Auffassung über Elementarfarben, beweisen oder widerlegen konnte. Die Ergebnisse von COREON jedoch stützten unsere Vermutungen von einer kräftigen und primären Farbigkeit der Raumfassung nicht. Auf der Westwand, in den Bereichen neben der Bespannung, fand sich ein Ockerton. Die gleiche Farbe befand sich als senkrechter Streifen westlich vom Fenster, reichte von der Brüstungsoberkante bis in das Ixel und war ebenso auf der vorgeputzten Wandvorlage der Ostwand zu finden.[15] Das Mittelgrau zog sich von der Kante der aufgeputzten Wandvorlage an der Ostwand bis in die Nordostecke und führte auf der Nordwand weiter bis zur westlichen Kante der Fensterlaibung. Dieser Farbton lief im Brüstungsbereich bis in die linke Ecke durch. Das gleiche Mittelgrau existierte auch auf dem nördlichen Deckendrittel und überspannte die Raumbreite.[16] Die Fenster waren kräftig in Grau gestrichen,[17] also dunkler gehalten als die umgebenden Wandflächen. Als Farbakzent war der gelbe Eckwinkel an der oberen Nord- und Ostwand von besonderem Interesse. Auch hierzu gab es Spuren, die allerdings wegen der Abwaschungen und Überstreichungen nur spärlich zutage traten. Dieses geknickte gelbe Rechteckfeld hat eine Höhe von 83 cm und führte von der Kante des Wandvorsprungs bis in die Fensterlaibung hinein.[18] Dieser Farbton in den Resten ist heute chromgelbähnlich, sehr hell; man muß hier ein Verblassen in Betracht

19) Farbton Nr. 38 der COREON-Dokumentation, vgl. S. 112
20) Farbton Nr. 39 der COREON-Dokumentation, vgl. S. 112, 113
21) Vgl. ebenda, S. 120
22) Farbton Nr. 37 der COREON-Dokumentation
23) Farbton Nr. 38 der COREON-Dokumentation, vgl. S. 104. Hier wäre aber auch nur ein Gelbton, allerdings heller als Nr. 38 denkbar.
24) Orthochromatisches Fotomaterial erfaßte das Farbspektrum nicht gleichermaßen. So wurden Gelbtöne stets dunkler wiedergegeben.
25) Meinung von Michael Siebenbrodt, der sich für das Rot aussprach, gegen die Meinung von Gerhard Oschmann.
26) Farbton Nr. 37 der COREON-Dokumentation, vgl. S. 112

ziehen, wenn wir uns der ursprünglichen Farbigkeit annähern wollen. Der Anstrich auf der ehemaligen Trennwand wird analog der anschließenden östlichen Wand ein Ocker gewesen sein.[19] Ziehen wir noch die Farben des abgetrennten Vorraumes in Betracht, der durchgängig auch an der Decke mit einem kräftigen Grau gestrichen war,[20] so ist damit die Farbigkeit aller Wände erfaßt. Die Deckenfarbe ließ sich aus Farbspuren vom Deckenanstrich an den Wänden sowie in den Kehlen nachweisen. Demnach setzt sich das Grau der Wände in der Decke fort. So wurde im nördlichen Ixelbereich der Ostwand der mittlere Grauton als Decken- und Wandanstrich nachgewiesen.[21] Die Deckenfläche war nach den historischen Fotos in drei Felder farblich getrennt: Das quadratische über der Sitzgruppe vermutlich in einem Gelb,[22] die Fläche östlich davon in Beigeocker, analog zu den Wänden des südlichen Raumbereichs und nördlich ein Rechteckstreifen in Mittelgrau als Fortsetzung des Tones auf der nördlichen und östlichen Wandfläche.[23] Fragen und Diskussionen erregte das quadratische Deckenfeld über der Sitzgruppe, eine Fläche, die auf den orthochromatischen Fotografien ziemlich dunkel wirkt[24] und dessen angeschnittene Ecke auf dem colorierten Foto in einem Rot-Orange erscheint. Die Meinungen in der Beurteilung gingen hier auseinander: Man müsse die Colorierung ernst nehmen. Dagegen: Diese Farbigkeit auf dem Klischee ist eine freie Bildgestaltung, die ohnehin Abweichungen von den Befunden zeigt.[25] Außerdem sei die legendäre Farbdiskussion am Bauhaus – „das Quadrat ist rot" – in dieser Zeit am Bauhaus aktuell gewesen. Weshalb sollte Gropius nicht das Rot als einen räumlichen Akzent für seine Komposition bevorzugt haben? Den Beweis für ein Rot blieb allerdings die Untersuchung schuldig. Wenn eine kräftige Deckenfarbe verwendet worden wäre, so argumentierte der Restaurator, dann müßte es auf den seitlich angrenzenden Wandflächen noch Spuren des Anstrichs geben. An der oberen Westwand, im Bereich der ehemaligen Trennwand, wurde statt dessen ein gelber Farbspritzer gefunden. Die ursprüngliche Ixelkehle war hier erhalten geblieben. Dieser Befund könnte von einem möglichen gelben Dekkenfeld aus der Bauhauszeit stammen.[26] Für das Gelb spricht auch die relativ dunkle Wiedergabe des Farbtons auf orthochromatischem Fotomaterial. Diese Beweislage, die allein in diesem letzten Punkt eine größere Unsicherheit aufweist, galt als Grundlage für die Rekonstruktion der Farbkomposition, die der Architekt empfindsam ausführte.

Mit dieser Farbigkeit erschien das Farbkonzept, das doch nur eine begrenzte Palette umfaßte und eine Harmonisierung erstrebte, plötzlich schlüssiger. Die Gelb- und Brauntöne der Möbel standen vor grauen Wänden, die mit wenigen Gelbflächen akzentuiert waren. Das Ergebnis bedeutete: Der Raumhülle des Gropius-Zimmers war verhaltener, neutraler und harmonischer, als wir eingangs vermuteten; von einer aufreizenden Farbigkeit wie bei einigen zeitgleichen Bauhausgestaltungen (Textilien,

Wandmalereien, Plakate) unterschied man sich deutlich. Ein nur schwacher Abglanz der Elementarfarben aus der Welt von De Stijl war spürbar. Eine einfühlsame Beurteilung der Polychromie des Raumes könnte nun auch zu dem Schluß führen: Ein Rot an der Decke wäre fremd und würde die Komposition stören.

Die Beleuchtungsanlage, die raumgreifende Soffitten- und Aluminiumrohrkonstruktion, erweckte ein besonderes restauratorisches Interesse. Es kam auf die exakte Bestimmung der Lage und der Geometrie der Einzelteile an. Die Konstruktion der Anschlußpunkte für die Aluminiumrohre mußte ermittelt werden. Die Lage der Elektroanlage gab Rätsel auf. Auch hier war zuletzt der Erkenntnisgewinn beachtlich: Die Befunde der Untersuchung konnten hier beinahe alle Einzelheiten offenlegen. Wichtige Hinweise für die Beleuchtungskonstruktion erwarteten wir an den vermuteten Anschlußpunkten an Ost- und Westwand. Auf dem Wandvorsprung, entlang der nördlichen Kante, kamen bei der Analyse unter den Farbschichten in regelmäßigen Abständen die Halterungslöcher für die Rohrkonstruktion zum Vorschein. Sie sind in der Form präzise erhalten. Ihr Abstand beträgt jeweils etwa 39 cm, ein Maß, was sich aus der Vierteilung der Vertikalstange an der Ecke ergab. Merkwürdig ist, daß in der unmittelbaren Nachbarschaft unter der Putzschicht bereits Holzdübel eingebaut worden waren, die aber nicht für die Befestigung benutzt wurden. Sie weichen zum Teil von den späteren Einbauachsen in der Lage stark ab. Offenbar gab es hier eine zweite Bauphase, die mit dem Putzauftrag verbunden war und eine Korrektur der Anschlußpunkte brachte.[27] In den Löchern fand man Reste von Silberbronze, die den Anstrich der Halterung belegen. Diese Buchsen für die Alurohre waren wahrscheinlich aus einem anderen Material (Eisen- oder Kupferrohr), das zwecks Angleichung überstrichen wurde. Der Befestigungspunkt auf der Westwand, der dem zweiten Anschlußpunkt von unten auf der Ostwand gegenüberliegt, ließ sich nur noch als als Gipsfleck ausmachen, der nach dem Abbau der Leuchte die Stelle des früheren Dübels ausfüllte und bedeckte.[28] Die oberen Befestigungspunkte waren wegen der Erneuerung der Raumdecke nicht mehr zu ermitteln. Aber insgesamt belegten diese Spuren hinreichend die ursprüngliche Geometrie und einige Einzelheiten der früheren Leuchtenkonstruktion, so daß nunmehr ein nahezu vollkommener Nachbau möglich war.

Die Elektroinstallation wurde unter Putz geführt; die Leitungsführung in metallummantelten Kupferkabeln ist im Raum noch vorhanden.[29] An der Wandkante, direkt unter der Decke, befand sich noch die quadratische Abdeckung einer Verteilerdose, senkrecht darunter, etwa 1,30 m über dem Fußboden, wurde ein quadratischer Holzdübel mit einer mittleren Bohrung freigelegt, der zur Befestigung des Schalters diente.[30] Gleichartige Dübel waren auch im Haus Am Horn eingebaut, was mit einiger Wahrschein-

27) Vgl. ebenda, S. 114
28) Vgl. ebenda, S. 109
29) Vgl. ebenda, S. 113
30) Vgl. ebenda, S. 114
31) Vgl. S. 17, Anm. 27
32) COREON-Dokumentation, S. 113
33) Vgl. ebenda, S. 121
34) Vgl. ebenda, S. 112, 113. Kalk-Gips-Mörtel zur rechtwinkligen Ausputzung des Ixels.
35) Vgl. ebenda, S. 122, 111

lichkeit auf die gleiche Ausführungsfirma für Elektroanlagen schließen läßt: AEG Berlin, Zweigniederlassung Erfurt.[31] Im Raum 26 wurde damals die Elektroanlage erneuert, während im gesamten Gebäude erst um 1925 eine Modernisierung erfolgte.[32] Merkwürdig ist, daß die Anordnung des Schalters hinter der Tür der üblichen Benutzungsfunktion widerspricht. Vielleicht war es ein Planungsfehler, der von einem anderen Türaufschlag ausging. Gropius nahm aber offenbar diesen Nachteil in Kauf, denn eine Verlegung der Leitung auf die andere Seite der Tür wäre vermutlich recht aufwendig gewesen.

Über der Tür mit dem Textilbehang waren, wie es das Foto von 1924 zeigte, zwei Blendbretter angebracht, die das Türrechteck nach oben hin erweiterten, um formal zur Leuchtenkonstruktion anzuschließen. Bei der Suche nach den Befestigungspunkten fand man je vier Dübel, die unregelmäßig in der ersten Putzlage angebracht waren. Eine nachträglich ausgebrochene Putzfläche in der Dicke von etwa 3 cm hatte darunter die Dübel freigelegt. Der Verlauf der Putzspuren zeigt, daß nach Anbringen der Blendbretter und der Tür eine weitere Putzschicht aufgebracht wurde.[33] Aus diesem Befund, der auch mit einer zweimaligen Ausführung der Beleuchtungsbefestigung in Verbindung gebracht werden kann, läßt sich schließen, daß im Ausführungsprozeß eine beachtliche bauliche Korrektur in der Wandgestaltung vorgenommen wurde: Außer einer Begradigung der Wand kam es wohl auf den Wandvorsprung an, der für die Linienbeziehungen zwischen linker Türkante und Beleuchtungssystem wichtig war. Ob das Anlegen dieser Putzfläche aus rein formalen Gründen erfolgte oder ob es einfach nur um eine Qualitätsverbesserung dieses Wandabschnittes im Zuge der Ausführung ging, welche wirklichen Beweggründe es also dafür gegeben haben könnte, ließ sich nicht ermitteln. Daß formale Gesichtspunkte für die Einzelheiten der Wandgestaltung wohl wichtig waren, zeigt die Beseitigung der gerundeten Deckenkehle aus der Van-de-Velde-Zeit im gesamten Büroraum und ihre kantige Ausformung. Dagegen wurde im Nebenraum diese Kehle belassen. An einer Einzelheit, der ehemaligen Anschlußstelle der Trennwand, läßt sich das gut ablesen.[34] Die gestalterische Intention bestimmte offenbar die Lösung: Ein klarer euklidischer Raumkörper war mit einer Kehle nicht erreichbar.

Vor der ehemaligen Türöffnung in der Ostwand am Fuße des nördlichen Gewändes war 1923 in die Dielung eine Metallplatte mit einem Loch eingelassen worden: Die Pfanne für den Dorn des Türflügels mit dem Mögelin-Textilbehang.[35] Während die untere Türangel also noch vorhanden ist, existiert das obere Gegenstück nicht mehr. Somit ist die Funktionsweise dieser Eingangstür klar nachgewiesen. Damals ergänzte der Bügelgriff die Beschläge, der auf dem Foto vom Jahresende 1924 erscheint und dessen Schatten auf der Wand zusätzlich auch Abstand und Form markiert. Da diese

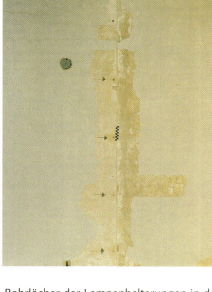 

Bohrlöcher der Lampenhalterungen in der Ostwand auf der Kante des Wandvorsprungs
Rechts: Detail mit Farbresten aus Silberbronze

Tür keinen Drücker und keine Klinke besaß, aber im geschlossenen Zustand arretiert werden mußte, war gewiß ein Schnappverschluß eingebaut, dessen Gegenstück sich irgendwo in der Laibung befunden haben könnte.

Die zuletzt wieder freigelegte Türöffnung hatte zum Warteraum hin tiefe und leicht abgeschrägte seitliche Gewände, eine konische Form, die an einem Maueranschlag endete. Hier war eine verschließbare Tür befestigt, die sich zum Vorraum hin öffnen ließ. An der Türöffnung der Westwand fand man ein Türblatt, ein Nachbau der Türen aus der Erstausstattung, das vermutlich in diese Öffnung gehörte und später umgesetzt wurde. Es paßt exakt in den Maßen und zeigt in der zweiten Farbfassung einen roten Anstrich, der den Rot-Spuren auf der Pfanne des Türflügels entspricht.[36] Offensichtlich wurden diese Tür und die umliegenden Wandflächen 1923 rot ausgemalt. Beim Öffnen des Innenflügels muß sich diese zweite Tür in einem starken Farbkontrast angeboten haben.[37] Interessant ist eine kleine formale Veränderung: Die typischen Ausrundungen der oberen Füllungen, wie sie an allen Van-de-Velde-Türen vorkommen, wurden auf der Seite zum Ittenraum durch eingeleimte Holzleisten begradigt.[38] Dies kann als eine Anpassung an die rektanguläre Formensprache der Raumgestaltungen gewertet werden. An der Anordnung einer zweiten Tür durch Gropius kann es auch deswegen keinen Zweifel geben, da bei einem Direktorenzimmer Abschließbarkeit und Schallschutz gewährleistet sein müssen.

36) Vgl. ebenda, S. 111
37) Zum Vorraum hin war die Tür nicht rot gestrichen. COREON gibt auf S. 111 der Dokumentation für den ursprünglichen Einbauort des Türblattes noch eine weitere Möglichkeit an: Der Zugang vom Flur zur ehemaligen Bibliothek. Da diese Öffnung nicht mehr vorhanden ist, kann das nicht mehr überprüft werden. Die Farbspuren sprechen aber für das Direktorenzimmer.
38) Quelle: Untersuchung Gerhard Oschmann
39) COREON-Dokumentation, S. 117. Chr. Kristen: Beim Öffnen des östlichen Türflügels läuft man eher gegen den Pfosten der Trennwand als beim Öffnen des Westflügels.
40) Vgl. ebenda, S. 116

Gelenkpfanne für die Tür mit dem Mögelin-Textilbehang
1 verworfener Anstrich – Schwarzbraun
2 endgültige Fassung – Caput mortuum-Braun

Türsturz der Ostwand, wo 1923 die Blendbretter befestigt waren. Unter der abgefallenen Putzfläche liegen die Holzdübel frei.

Merkwürdig und schwer zu deuten sind die Befunde an der Eingangstür zum Flur. Diese zweiflüglige Ateliertür wurde in ihrem Anstrich im Jahre 1923 nicht verändert und behielt, wie auch die benachbarten Türen, die ursprüngliche braune Öllasur an beiden Seiten. Aber mit der Neugestaltung des Raumes wird eine Umsetzung der Türklinke und des Schlosses vom östlichen zum westlichen Türflügel in Verbindung gebracht, was sich an den gefundenen Befestigungslöchern nachweisen läßt. Unter der Klinkenblende fand sich noch die alte Öllasur. Diese Veränderung erscheint rätselhaft. Diese Umsetzung versucht COREON mit der günstigeren Zugangsmöglichkeit durch den westlichen Flügel zu begründen.[39] Die Lösung des Rätsels finden wir vielleicht im angestrebten Raumerlebnis, das bei einem Eintritt etwa in der Raumachse günstiger war.

Zum Fenster, dessen äußerer Teil dem Original noch weitgehend entspricht, stellt COREON fest, daß die Scheiben im unteren Bereich mit Sicherheit später ausgewechselt worden sind, während oben noch einige ursprüngliche Klarglasscheiben vorhanden sind. Ob in der Bauhauszeit unten Milchglasscheiben eingebaut werden konnten, ließe sich nur anhand von unretuschierten Fotoaufnahmen belegen.[40] An den vorliegenden Innenraumfotos konnte der Nachweis dafür nicht erbracht werden. Außenaufnahmen gibt es erst aus späterer Zeit, die kein Milchglas, sondern Klarglas zeigen.

Untere Malkante des gelben Rechtecks in der nordöstlichen Raumecke

Holzdübel an der Ostwand mit der Bohrung für die Elektroinstallation von 1923

Der Erkenntnisgewinn durch die baurestauratorische Untersuchung war beachtlich. Bis auf wenige ungeklärte Punkte, die aber das künstlerische Konzept nur am Rande berühren, haben wir uns somit dem originalen Zustand von 1923/24 präzise annähern können. Wir kennen die historische Farbausführung, die manche Überraschungen brachte, und haben neue und wichtige Kenntnisse zum Bauablauf gewonnen, der durch keine anderen Informationen mehr aufgeklärt werden konnte. Im Besitz aller nötigen Bauinformationen vom Raum war es mit einer beachtlichen Sicherheit möglich geworden, die Rekonstruktion des Raums als ein künstlerisches Werk zu beginnen.

Ehemalige Eingangstür vom Vorraum aus.
Die Abrundungen der oberen Füllungen wurden auf dieser Seite begradigt.

Die Idee der Rekonstruktion

Die Möglichkeit eines Nachbaus des Zimmers im Zuge der Gebäuderekonstruktion traf sich mit der Idee, ein verlorengegangenes Objekt der Bauhaus-Architektur wiederzugewinnen, es in seiner Materialität und Gestalt wieder erlebbar und auch nutzbar zu machen. Stellten die günstigen Bedingungen den praktischen Rahmen und gewährten eine günstige Realisierbarkeit, die uns in dem Projekt bestärkten, befindet sich der Reproduktionsgedanke in einem eigenartigen Ermessensbereich zwischen einer puritanischen denkmalpflegerischen Moral – Geschichte läßt sich nicht wiederholen und nicht wiedererwecken, Nachgestaltungen sind Fälschungen und bedienen nur ein neues „Disney-Land" – und der Überzeugung, daß über wissenschaftliche Methoden eine größtmögliche Annäherung an das Original und somit eine würdige Rekonstruktion erreicht werden kann. Die Entscheidung konnte nicht so ausfallen, daß wir es der Geschichte überlassen, was in unsere Zeit überkommen ist und uns damit begnügen, unser Bild allein daraus zu formen. So genügt es uns nicht, von den spärlichen Quellen, die wir mit unseren drei Abbildungen vom Objekt haben,[1] eine Vorstellung über diese Architektur zu erhalten, die sogar in einigen Zügen gefälscht vermittelt wird. Da wir in dieser Raumgestaltung sogar einen herausragenden Punkt in der Geschichte des Bauhauses und der Moderne sahen, den es lohnt zu orten, erwuchs daraus ein besonderes wissenschaftliches und gestalterisches Interesse. Wir sagten: Wir wollen die Einzelheiten erforschen und produzieren die Objekte etwa nach dem Stand der Technik dieser Zeit nach. Wir bemühen uns, das Ganze in einen Stand zu versetzen, wie es den künstlerischen Intentionen Gropius' entsprach und wie er es wahrscheinlich vollendet hätte, wäre er dazu in der Lage gewesen. Wir wiederholen einen Vorgang, um daraus Kenntnisse über die wirkliche Geschichte zu erlangen, und wir schaffen ein kleines Raumensemble nach, an dem alle seine ursprünglichen praktischen und ästhetischen Merkmale in Erscheinung treten. Nicht die gekünstelte und in bit-Strukturen übertragene virtuelle Welt ist uns für einen flüchtigen Moment des Genusses ein hinreichendes Ziel, sondern der materielle Raum mit den Möbeln, den Wandgestaltungen, der Leuchtenkonstruktion, den perfekten und auch weniger gelungenen Details – ein Raum, in den man eintritt, wo gearbeitet und diskutiert wird, den man betrachten und benutzen kann.

Verlorene Kunstwerke, wertvolle und zerstörte Bauten zurückzuholen und wiederzubeleben gehört zu den kulturellen Bestrebungen unserer Zeit. Auch die Werke der sogenannten „modernen Bewegung" sind längst zu bevorzugten Gegenständen denkmalpflegerischer, restauratorischer und auch kulturschöpferischer Bemühungen geworden, national und international.[2] Allein zum Werk von Walter Gropius gab es seit den 70er Jahren mehrere aufwendige und erfolgreiche Aktionen wie die hervor-

---

1) Zeichnung von Herbert Beyer 1923. Foto vom Direktorenzimmer von Ende 1924, dgl. coloriert und retuschiert in Neue Werkstattarbeiten des Bauhauses, 1925. Foto der Raumsituation von 1924/25

2) Vergleiche die Bemühungen von ICOMOS und zuletzt von DOCOMOMO

Das rekonstruierte Bauhaus-Gebäude in Dessau. Architekt Walter Gropius, 1925/26, Foto 1976

ragenden Restaurierungen des Bauhaus-Gebäudes in Dessau (DDR 1976) und der Fagus-Werke in Alfeld/Leine (BRD 1980er Jahre).

Um unsere Problematik zu veranschaulichen, seien drei jüngere Beispiele herangezogen, die zwar im Charakter und auch in der Dimension nicht gleichwertig sind, die aber die Schwierigkeit der Reproduzierbarkeit sichtbar werden lassen.

Im Jahre 1986 wurde der Deutsche Pavillon auf der Internationalen Ausstellung in Barcelona aus dem Jahre 1929 nach den alten Plänen wiedererrichtet. Der Anlaß war der 100. Geburtstag seines Schöpfers Ludwig Mies van der Rohe, dessen bedeutendes und einflußreiches Werk mit diesem herausragenden Beispiel gewürdigt werden sollte. Für 1,6 Mio DM aus Stiftungs- und Bundesmitteln entstand eine perfekte Reproduktion des Pavillons am ursprünglichen Standort, die ihm seine ursprüngliche Materialität zurückgab. Damals im Zuge einer Diskussion um die prinzipielle Reproduzierbarkeit eines historischen Architekturwerkes heftig umstritten, ist das Bauwerk heute ein wichtiges und anerkanntes Objekt, das ein Architekturerlebnis dieser Bauformen der „klassischen Moderne" im Durchschreiten, optisch und haptisch, mit allen Sinnen, ermöglicht. Daß diese Kopie andere Maserungen in der Onyxwand und in den Marmorflächen erbrachte und eine modernere, auf Dauerhaftigkeit berechnete Konstruktion erhielt, veränderte die Erscheinung ganz unerheblich, wenn sie als Form, und nicht als authentisches Objekt der Geschichte betrachtet wird. So bedeu-

Der rekonstruierte Deutsche Pavillon auf der Internationalen Ausstellung in Barcelona 1929 von Ludwig Mies van der Rohe.

tete der Nachbau einen beachtlichen Gewinn für den überlieferten Bestand der Werke, die wir zur den Meisterleistungen der jüngeren Baugeschichte rechnen. Das Werk ist wieder begehbar und erlebbar geworden; es steht den Interessenten, den Studierenden und den Kunstfreunden zu Studien mit den Augen, dem Stift oder der Kamera zur Verfügung.

Zu den beachtenswerten Werken des Neuen Bauens zählt das Stahlhaus in Dessau, ein erster gestalterischer Beitrag im Sinne der Moderne in dieser Bautenkategorie, eine Arbeit von Georg Muche und Richard Paulick aus dem Jahre 1926. Es hatte bis in die 90er Jahre überdauert, als sich größere Korrosionsschäden in wichtigen Teilen zeigten, die eine denkmalpflegerische Bewahrung der Substanz in Frage stellten. So entschieden sich Bauherr, Denkmalpfleger und Architekt für einen vollständigen Abbau, für den Ersatz der zerstörten Teile. Damit verbunden waren der Rückbau der inneren Ausmauerung und einige konstruktive Neuerungen wie im Wandaufbau und in der Dachzone, die wegen der notwendigen Wärmedämmung um 10 cm erhöht wurde und eine steilere Dachneigung erhielt, Maßnahmen, die für die bauliche Erhaltung zwingend waren. Das Haus ist 1993 strukturell und formal im historischen Charakter – wohlgemerkt nicht als exakte Wiederholung des Ursprungsbaus – wieder entstanden. Abgesehen von den bedenklichen Veränderungen im Grundriß und einigen meist technischen Abweichungen vom Original, ist es in den Einzelheiten wieder präsent und wird entsprechend als ein ehemaliger Bauhaus-Bau in der Öffentlichkeit gezeigt. Streng genommen gibt es auch hier das überkommene Baudenkmal nicht mehr, denn es ist in Teilen konstruktiv neu interpretiert worden und es wurde mit ausgetauschten Materialien neu aufgebaut. Nur auf diesem Wege war es offenbar möglich, seiner Existenz als ein wichtiges Objekt der frühen Bauhausbestrebungen Dauer zu verleihen. Das Problem war hier ein anderes als beim Gropius-Zimmer, da aus der fast komplett noch vorhandenen Substanz heraus entweder eine einfache Erneuerung oder präzise Wiederholung hätte abgeleitet werden können. Der Annäherung an das Original maß man hier aber nur so viel Bedeutung bei, wie es heutigen bautechnischen Gründen und Nutzungsvorstellungen nicht widersprach.

Etwas anders müssen wir die Rekonstruktion des Musterhauses Am Horn in Weimar beurteilen, das 1999 mit einem etwa gleichgroßen Aufwand (1,8 Mio DM) wie der Barcelona-Pavillon auf den Zustand des Ursprungsbaus zurückgeführt wurde. Ein in seiner Substanz im Laufe der Zeit mehrfach umgebautes und erweitertes, für neue Anforderungen entsprechend verändertes Wohnhaus war nach den Intentionen des Bauherren, des Sponsors und ihrer Berater offensichtlich nur noch als Ursprungsidee interessant. Das Ausstellungshaus von 1923 wurde nach dem Entwurf von Muche ziemlich exakt reproduziert, dabei etwa zu einem Viertel in der Substanz erneuert (Dach und nordöstliche Ecke), also als eine Teilkopie neu ausgeführt.

Das Ziel war es, den Zustand zur Zeit der Ausstellung von 1923 möglichst genau zurückzugewinnen. Damit entfielen natürlich alle anderen überlegenswerten denkmalpflegerischen Aspekte, die darauf zielten, den historischen Wandel in den An- und Umbauten sichtbar zu lassen und die auch von Muche bedachte Erweiterungsmöglichkeit vorzuführen, was ein ganz anderes Ergebnis gebracht hätte. Mit dieser

Das Stahlhaus in Dessau. Entwurf: Richard Paulick und Georg Muche. 1926

Das rekonstruierte Ausstellungshaus Am Horn in Weimar. Entwurf: Georg Muche, Ausführung: Baubüro Gropius, Leitung Adolf Meyer. 1923

Entscheidung kam es auch auf die Klarheit und Reinheit des Ursprungsbaus an, auf seine architektonischen Qualitäten und auch auf die Möglichkeit, das Bauwerk in diesem Sinne wie ein Museumsobjekt vorführen zu können. In dieser Hinsicht ist es wahrhaftig ein kultureller Gewinn, wenn wir heute das Bauwerk wieder besichtigen können, beinahe so wie im August 1923, als man in Scharen dorthin zog, um die Attraktion der Bauhaus-Ausstellung zu erleben. Wenn es also auf diesen Punkt ankommt, die ungebrochene Anfangslösung hier vorzufinden, dann ist das Ziel damit erreicht. Es ist zwar nun ein Museumsobjekt und Bürogebäude, eventuell noch eine kleine Begegnungsstätte, aber das Wohnen und eine lebendige Reflexion des Hauses aus der Praxis des Bewohnens findet nicht mehr statt. Es wird als Objekt der Anonymität der allgemeinen Museumslandschaft übergeben. Ob ein Forschungsinstitut („Design-Transfer"), das hier die Nähe der geschichtlichen Bedeutsamkeit sucht, in den Zimmern des Wohnhauses gedeihen kann, wird die Zukunft beweisen. Die Schwierigkeit für das zurückgewonnene Bauwerk, nämlich genau an einem bestimmten historischen Moment wieder anzukommen, wird offenbar, wenn es um mehr als um die baukünstlerischen Formen und um den musealen Wert geht, nämlich dann, wenn man es auch lebendig nutzen will.

Die Annäherung an den ursprünglichen Zustand geschah hier nach der gleichen Methode, wie wir es auch versuchten bei der Rekonstruktion des Gropiuszimmers: durch sorgfältige Forschungen, Analysen vor Ort und eine behutsame Nachgestaltung unter Nutzung aller verfügbaren Quellen. Die Gestaltungsfrage ließ sich hinsichtlich der Geometrie der Bauformen wohl zentimetergenau lösen, blieb aber bei der Farbrekonstruktion in einigen Fällen unsicher, so daß z. B. für den Fußboden im Speisezimmer und in anderen Räumen nur eine freie oder eine Vermutungsfassung einen Ausweg bieten konnte. Auch hier mußte man eine Abweichung vom historischen Original in Kauf nehmen, deren Grad der Fälschung eigentlich nicht mehr beweisbar ist. Nachgestaltung tritt als Schöpfung an die offene Stelle, der restaurierende Architekt fügt nach seinem Gusto das Werk zu einem Ganzen. Streng genommen ist hierbei die Annäherung an den Zustand vom August 1923 nur noch eine ungefähre, mit einer sicheren Zielabweichung, die man aber nicht genau kennt, da die Zielscheibe verlorengegangen ist. In diesen Momenten der freien künstlerischen Erfindung muß heutiges Gestaltungsempfinden wirksam werden. Daraus wird gewissermaßen ein heutiges Werk. Man kann nun fragen: Ist aber dann der historische Punkt, den wir erreichen wollten, nicht wieder in die Gegenwart verschoben oder projiziert worden? Ist die Reinheit und Klarheit des Zustandes von 1923 noch am Objekt erfahrbar oder nur noch im Bauhaus-Buch Adolf Meyers und in den Bauhaus-

Alben? Sollte andererseits diese partielle Ungewißheit in der wissenschaftlichen Beweisführung zur Entscheidung führen, auf das Experiment Rekonstruktion zu verzichten? Nein, es ging doch darum, ein baukünstlerisches Werk mit heutigen Mitteln und Erfahrungen zu bewahren und in einem praktischen Prozeß des Erforschens, Gestaltens und Bauens anzueignen und für eine breite Öffentlichkeit erfaßbar zu machen. Eine Analogie liegt nahe: Es ist ähnlich wie in der Musik – das Nachspielen eines verklungenen Werkes. Es ist gut zu hören, wenn es gut gespielt wird. Und wir können uns freuen: Das Haus Am Horn von 1923 ist wieder wahrnehmbar geworden.

Der Nachbau des Direktorenzimmers ist von dieser Problematik nicht frei, die wir nicht als ein Hindernis ansahen, sondern als eine Möglichkeit für ein heutiges Experiment. Einige methodische Prinzipien stellten wir der Planung voran, wohl wissend, wo die Konflikte entstehen. Der Grundsatz ist lapidar: Die Rekonstruktion des Gropiuszimmers soll das verlorengegangene Raumensemble, ein kunstgeschichtlich wertvolles Beispiel der Bauhaus-Arbeit, wiederholen und nacherlebbar machen. Der repräsentative Büroraum wird ein wichtiges Zeugnis für das gestalterische Wirken des Staatlichen Bauhauses in den traditionellen Hochschulgebäuden sein, hat also eine gewisse museale Funktion zu erfüllen. Das Zimmer wird aber zugleich so eingerichtet, daß es als Arbeitsraum für die künftigen Inhaber der Gropius-Professur genügt und permanent nutzbar ist.

Für die Rekonstruktionsaufgabe setzten wir einige Prämissen, die wir nach kunstgeschichtlichen, gestalterischen und praktisch-funktionellen Aspekten ordneten:

Die kunstgeschichtliche/denkmalpflegerische Problematik besteht im Kern darin, daß ein verlorengegangenes Werk immer nur in Form einer Kopie ausgeführt werden kann. Auch das wiederhergestellte Gropius-Zimmer ist „nur" eine Kopie. Die vollkommenste Nachgestaltung kann nur mit einer gewissen Annäherung an den historischen Zustand des Objektes – asymptotisch – erreicht werden, nie vollständig und vollkommen. Allerdings wollten wir alles daransetzen, die Kurve gegen Null zu führen. Mit dem Blick zurück, geschärft auf der Grundlage der historischen Befunde und anderer Quellen, wurde dies gewissenhaft versucht. Wo die Informationen ausfielen, mußte die ursprüngliche architektonische Konzeption (z. B. die Bayer-Grafik) berücksichtigt und als wertvolles Korrektiv eingesetzt werden. Schließlich ist die Nachbildung zugleich auch ein Gestaltungsversuch aus heutiger Sicht, mit heutigen Erfahrungen, Kenntnissen und Wertvorstellungen. Da das Direktorenzimmer als Idealkomposition nie wirklich vollendet war, mußte die Entscheidung für einen Zwischenzustand oder einen fiktiven Endzustand getroffen werden. Am drastischsten zeigten das die beiden Komplettierungsstufen: Als im August 1923 der Otte-Teppich im Raum lag, fehlten noch Sofa, Sessel und zwei Regale; als später – im Laufe des Jahres 1924 – diese Teile die Ausstattung vervollständigten, war der große Teppich verkauft und wurde durch den kleineren Arndt-Teppich ersetzt. Hätten wir einen der nachgewiesenen historischen Zustände reproduziert, wäre niemals ein befriedigendes Raumbild entstanden. Es entspricht der Logik, daß wir uns an die ideale ästhetische Konzeption hielten. So haben wir das nie wirklich vollendete Direktoren-Zimmer in diesem Punkt vollendet, um die künstlerische Raumeinheit herzustellen, so wie sie Gropius einst höchstwahrscheinlich anstrebte. Es liegt uns fern, die „klassische Moderne" rückwirkend zu vervollkommnen, so wie im 19. Jahrhundert die Architekten der Neuromanik in ihren Werken die Romanik übertreffen und die Neugotiker die Gotik verbessern wollten. Dieser Ergänzungsversuch ist allein experimentell zu verstehen und findet vor allem auf der Ebene des Ästhetischen statt.

Er bedeutet auch, daß aus einer Reihe von Möglichkeiten letztlich nur eine realisierbar ist und daß für die Lösung der gestaltende Architekt maßgebend ist.

Wegen dieser zuweilen komplizierten Sachverhalte und Entscheidungen erschien eine Dokumentation in diesem Buch wichtig. Die Darstellung berichtet über das historisch Belegbare und die heutigen Ergänzungen, über das Verhältnis von Authentischem und Erfundenem.

Die gestalterische Aufgabe im Spannungsfeld von verpflichtendem Original und einfühlsamer Ergänzung war damit schon umrissen. Für alle Gestaltungsaufgaben schrieben wir die Berücksichtigung der alten handwerklichen Techniken vor, und – wenn bekannt – auch den historisch verbürgten Materialeinsatz.

Nach den einleitenden Untersuchungen konnten wir feststellen: In der Geometrie und in der Grundkonzeption ist die Annäherung an das originale Zimmer bis in die Einzelheiten fast vollständig und präzise möglich. Die größte Schwierigkeit bestand aber in der Farbgestaltung des Raumganzen und der Einzelobjekte, insbesondere der Teppiche. Diese Aufgabe enthält neben den gesetzten Farbangaben nach den Befunden an Wänden und Fußboden die größten freien Valenzen in der Variation. Es betrifft die Wandbespannung, den Vorhang, die Bezugsstoffe und die Holzbehandlung der Möbel. Vor allem erhob sich die Nachbildung der beiden Teppiche zum Problem. Dieser Anteil ist als freie Interpretation des Gropiusschen Werkes anzusehen und sollte wegen der eigenständigen Auslegung außerdem als Handschrift des verantwortlichen Architekten und der beteiligten Gestalter betrachtet werden. Hier kam es auf Einfühlung an, die sich mit freier schöpferischer Formung verbindet.

Von vornherein bestand die Übereinkunft, daß die Nutzbarkeit des Raumes unter heutigen Gesichtspunkten in gewissen Grenzen gewährleistet werden muß. Dem Raum allein eine museale Sonderrolle zuzuweisen entfiel unter dem Aspekt der praktischen und ökonomischen Auslastung des Hauptgebäudes. Seine räumliche Einbindung in den Bereich der Fakultät Architektur, Stadt- und Regionalplanung ließ zweckmäßigerweise die Einrichtung eines Professoren-Arbeitsplatzes zu. Eine treffende Lösung war mit der gerade neu geschaffenen Gropius-Professur gefunden: Die künftigen Inhaber dieses architekturhistorisch orientierten Lehramtes, die für eine dreijährige Periode berufen werden sollen, können einen würdigen Arbeitsraum beziehen, der mit dem reproduzierten Werk des ehemaligen Bauhaus-Direktors wohl das konzentrierteste Fluidum der Hochschulgeschichte besitzt.

Mit dieser Raumnutzung ergaben sich funktionelle Forderungen, die möglichst nicht im Widerspruch zur historischen Raumgestaltung, zum Raumbild, geraten durften. Zunächst mußte die zurückgebaute Heizungsanlage für den Wärmebedarf angepaßt werden. Eine Zusatzheizung erschien unumgänglich, die zuerst in Wand- oder Deckenstrahlungssystemen gesucht wurde, bis die Entscheidung für ein mobiles Heizgerät fiel. Die Lichtwerte der alten Beleuchtungsanlage genügen heutigen Anforderungen nicht mehr. Ob die ergänzenden Bauhaus-Tischlampen die Arbeitsbereiche ausreichend ausleuchten werden, muß die Praxis zeigen. Ein Computerarbeitsplatz gehört zur heutigen Ausstattungsnorm. Die Aufstellung einer monströsen Standard-Anlage auf dem Gropius-Schreibtisch verbot sich von selbst, dafür kann an dieser Stelle ein Laptop beinahe gleichwertig genutzt werden. Der kleine Nebenraum, der die Aufgaben Ablage, Archiv und Handbibliothek erfüllen muß, wird deshalb für weitere Technik mit einbezogen. Es wird angestrebt, hier ein oder zwei Nebenarbeitsplätze für Tutoren zu schaffen. Technisch notwendig sind zwei Rohre der Sprinkler-Anlage, die die Trennwand durchstoßen und als einzige technische Neuheit im Raumbild wahrgenommen werden. Wir mußten sie als Störung in Kauf nehmen. Von der Aufstellung und Installation einer historischen Telefonanlage, wie sie Gropius benutzt haben könnte, wurde aus Gründen ungenügender Authentizität Abstand genommen. Außerdem kann das technische Design von 1920 nicht direkt mit den Gestaltungsabsichten des Bauhauses in Verbindung gebracht werden.

So stellt sich letztlich die Rekonstruktion als ein Komplex von Optimierungsaufgaben dar, die in der praktischen Ausführung auch Kompromisse enthalten. Bei aller Ehrfurcht vor dem Werk, das wir wieder wahrnehmen wollen, muß auch dem heutigen Leben genügend Raum gegeben werden.

Der re

Der rekonstruierte Raum

Der rekonstruierte Raum kurz nach seiner Fertigstellung im Oktober 1999, Fotos von Falko Behr

Rekonstruktion un

Gerhard Oschmann Rekonstruktion und Nachgestaltung

Zur Realisierung der Rekonstruktion des Gropius-Zimmers

Nach den Intentionen der heute zur Bauhaus-Universität Weimar avancierten traditionellen Bau- und Kunstschule sollte das in den 20er Jahren aufgelöste Direktorenzimmer wieder rekonstruiert werden, wozu ein Konzept erstellt wurde. Der originale Ort war durch die Analyse der im Gebäude infrage kommenden Raumgeometrien sowie durch Freilegung von typischen Befunden bereits gefunden worden. Nach Sichtung und Analyse der zur Verfügung stehenden Unterlagen ergaben sich Widersprüche, so daß es zunächst darum ging, die Probleme zu ordnen, die ursprüngliche Situation des Gropius-Zimmers zu analysieren und als Zielstellung zu fixieren.

So konnten wir nachweisen, daß die auf den historischen Fotos dokumentierten Möblierungsvarianten für die jeweiligen Aufnahmen gestellt waren und nicht dem durch die Bayer-Isometrie fixierten räumlichen Gesamtkunstwerk entsprachen. Letzten Endes haben wir in Abstimmung mit dem Bauherrn die Gestaltungsidee der Isometrie als Zielstellung für die gesamte Rekonstruktion zugrunde gelegt.

Die größte Irritation war dabei die einzige bekannte farbige Darstellung des Gropius-Zimmers, die sich als eine freie Nachcolorierung des Schwarzweißfotos von Ende 1924 erwies. Es scheint dabei nur darum gegangen zu sein, die farbliche Gestaltung des Gropius-Zimmers auf dem Foto dem Teppich von Gertrud Arndt anzupassen, der mit der ursprünglichen Raumkonzeption jedoch nichts zu tun hatte.

Die Rekonstruktion des in den Bauhaus-Alben dokumentierten Teppichs von Benita Otte war eine weitere Herausforderung. Bei der Recherche fand sich eine bisher noch nicht veröffentlichte Knüpfprobe der Künstlerin, von der wichtige Hinweise zu Material, Farbe und Struktur des ursprünglichen Teppichs übernommen werden konnten.

Ähnlich schwierig gestaltete sich die Farbinterpretation des Wandbehangs von Else Mögelin, dessen Farben bisher ebenfalls nur durch das colorierte Foto bekannt waren, die aber von Experten angezweifelt werden und die Else Mögelin in einem ihrer Manuskripte auch anders beschrieben hatte.

Auf der Suche nach Fachleuten zur Lösung dieser Probleme stießen wir auf das Atelier für Textilgestaltung von Anna Silberschmidt und Nicola Sansò in der Toscana. Es erwies sich als Glücksfall, daß wir Brigitte Schirren, eine Zeitzeugin Else Mögelins, ausfindig machen konnten, die in der Nähe dieses Studios wohnt und bereit war, die Arbeiten zu unterstützen.

Durch eine material- und werkgerechte Wiederherstellung der Möbel wurde versucht, die handwerkliche Identität mit den damaligen Möbeln und ihren typischen

Gebrauchseigenschaften wieder spürbar zu machen. Bei der Festlegung bestimmter Materialien und konstruktiver Details achteten wir aber auch auf Alltagstauglichkeit, denn der Raum soll als Professorenarbeitsplatz genutzt werden.

Die analytische Auswertung der bekannten Dokumentationen und die Planung zu einer detailgerechten Rekonstruktion des gesamten Interieurs führten schließlich zu einer komplexen Kenntnis des Gropius-Zimmers, in dessen Konzept offensichtlich nichts dem Zufall überlassen war.

Von den Originalmöbeln existiert nur noch der Korpus des Schreibtisches. Anhand dieses Originals sowie vergleichbarer Proportionen und Fakten (Brüstungshöhe, Befunde der ursprünglichen Ausstattung, originale Fußbodendielen) konnten bei der Rekonstruktion die Maßverhältnisse der ursprünglichen Möbel wieder exakt ermittelt werden. Neben der Computersimulation wurden zur endgültigen Entscheidungsfindung zusätzlich Arbeitsmodelle und Funktionsmuster hergestellt.

Die Analyse der damals als Prototypen für eine serielle Produktion gedachten Möbel ergab im Detail Widersprüchliches. Die handwerklich gefertigten Möbel entsprachen nur grob der von Gropius angestrebten, technologisch bedingten Form. Die hohe gestalterische Meisterschaft dieser Prototypen ist jedoch an raffinierten Nuancierungen und leichten Veränderungen des Schemas erkennbar.

Aus diesem Grund konnten die heute nach den Bauhaus-Mustern industriell produzierten Möbel für die Rekonstruktion des Gropius-Zimmers nicht verwendet werden, da sie sich zu stark in Konstruktion, Abmessungen, Materialien und Gebrauchseigenschaften von den ursprünglichen Möbeln unterscheiden.

Die Analogien zwischen der Gestaltung des Weimarer Arbeitsraumes und des Dessauer Direktorenzimmer boten weiteren Stoff für unsere Analyse. Der Farbentwurf von Scheper in Dessau enthält die Farben Grau, Beige-Ocker, Gelb, die ähnlich auch in Weimar durch originale, leider aber chemisch veränderte Farbbefunde nachgewiesen werden konnten. Im Wissen um die Gesamterscheinung wurden deshalb die Farbtöne der Dessauer Konzeption in Weimar durch eine etwas kühlere Nuancierung subjektiv verändert. Da die Farbwahrnehmung immer von der jeweiligen Umgebung abhängt, war es wichtig, eine Harmonisierung aller in verschiedenen Werkstätten gefertigten Ausstattungselemente herzustellen.

Trotz der bei der Rekonstruktion angestrebten Authentizität und Detailgenauigkeit erhebt das vorliegende Ergebnis in seiner Gesamterscheinung nicht den Anspruch einer absoluten Identität mit dem Original von 1923/24.

Untersuchungen und Entdeckungen

Für die Rekonstruktion der Möblierung und für Aussagen zum Teppich des Gropius-Zimmers lagen uns verschiedene Fotos und die Isometrie von Bayer (A), die das ursprüngliche Konzept der Planung enthält, vor. Nach der Isometrie wurde durch das Rohrsystem der Soffittenbeleuchtung ein künstlicher Kubus geschaffen, dessen Grundfläche exakt der Teppich von Benita Otte mit 3,15 m x 3,15 m entspricht. Alle räumlichen Bezüge sind aufeinander abgestimmt und in eine unverrückbare Beziehung gesetzt. Die Möbel sind nach diesem Kubus ausgerichtet und scheinen in der Grundrißfläche des Zimmers fixiert.

Nach dem Verkauf des Teppichs von Benita Otte entstanden Fotos mit dem Nachfolgeteppich von Gertrud Arndt, der mit 1,80 m x 2,40 m für die Grundfläche des Kubus zu klein war. Auf einem Foto von Ende 1924 mit Blickrichtung in die Nordost-Ecke des Zimmers (C) wurde der Teppich am vorderen Zeitschriftenregal ausgerichtet und ignoriert das in der Bayer-Isometrie dargestellte Raumkonzept. Der Standort von Schreibtisch und Sessel richtet sich nach der Lage des Teppichs.

Auch auf einem Foto von Anfang 1925 mit Blickrichtung zum Fenster (D) ist der Teppich ohne Bezug zum Raumkonzept plaziert und am Sofa ausgerichtet. Auf beiden Fotos scheint der Standort der Möbel dem Motiv des Fotografen untergeordnet gewesen zu sein.

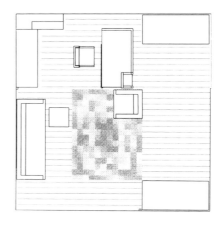

B Situation gemäß Foto Hüttich-Oemler, Sommer 1923

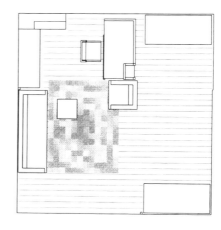

C Möblierung gemäß Foto Ende 1924

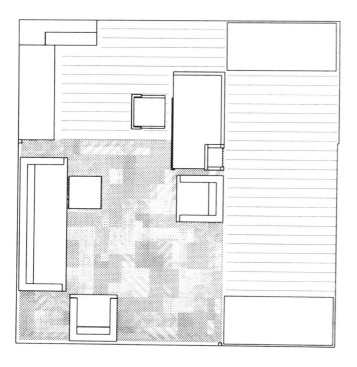

A Möblierung gemäß Bayer-Isometrie

D Möblierung gemäß Foto Anfang 1925

Im Sommer 1923 entstand ein Fotoserie zu den Ausstellungsobjekten. Eine Aufnahme zeigt Schreibtisch und Sessel, die auf dem Teppich von Benita Otte stehen (Möblierung B). Wahrscheinlich waren die günstigen Lichtverhältnisse für diese Anordnung maßgebend. Die Tür mit dem Mögelin-Wandbehang ist aus diesen Aufnahmen wegretuschiert worden.

Es wurde bei Herzogenrath vermutet, daß dieses Foto in Dessau durch Erich Consemüller gemacht wurde (vgl. Herzogenrath, W. Kraus Stefan, Hrsg.: Erich Consemüller – Fotographien Bauhaus Dessau, München 1989, Abb. 86). Im Rahmen der vorliegenden Arbeit konnte jedoch nachgewiesen werden, daß es bereits im Gropius-Zimmer in Weimar 1923 entstanden sein muß. Dadurch wird auch die zeitgleiche Existenz der von Gropius entworfenen Möbel mit dem von Benita Otte gefertigten Knüpfteppich im Gropius-Zimmer dokumentiert. Folgende Details lieferten uns den Beweis:

1. Neben der oberen linken Ecke der Ablagefächer des Gropius-Schreibtisches ist, direkt von der Retuschelinie ausgehend, der nicht retuschierte Schatten des Türgriffes der Durchgangstür zu erkennen.

2. Auf dieser Durchgangstür war der auf dem Foto von Ende 1924 sehr gut erkennbare Wandteppich von Else Mögelin aufgespannt. Die Spiegelung des Wandteppichs befindet sich ebenfalls noch unretuschiert auf der polierten Platte des Gropius-Schreibtisches. Das Foto mit der Simulation des ursprünglichen Hintergrundes bestätigte die Spiegelung auf der Schreibtischplatte.

Es muß deshalb davon ausgegangen werden, daß dieses Foto nur im Direktionszimmer des Bauhauses Weimar von 1923 entstanden sein kann, ebenso ein weiteres Foto, bei welchem der Sessel auf der rechten Seite des Schreibtisches steht (siehe Seite 102). Auf der vorliegenden Kopie dieses Fotos ist auch der Prägestempel des Fotografen Hüttich-Oemler Weimar noch leicht erkennbar.

Schreibtisch und Sessel auf dem Teppich von Benita Otte mit der Spiegelung des Wandbehangs auf der Schreibtischplatte, Foto von Hüttich-Oemler im Gropius-Zimmer Weimar

Foto mit Simulation des ursprünglichen Hintergrundes

Farben und Materialien im Raum – Konzept und Ausführung

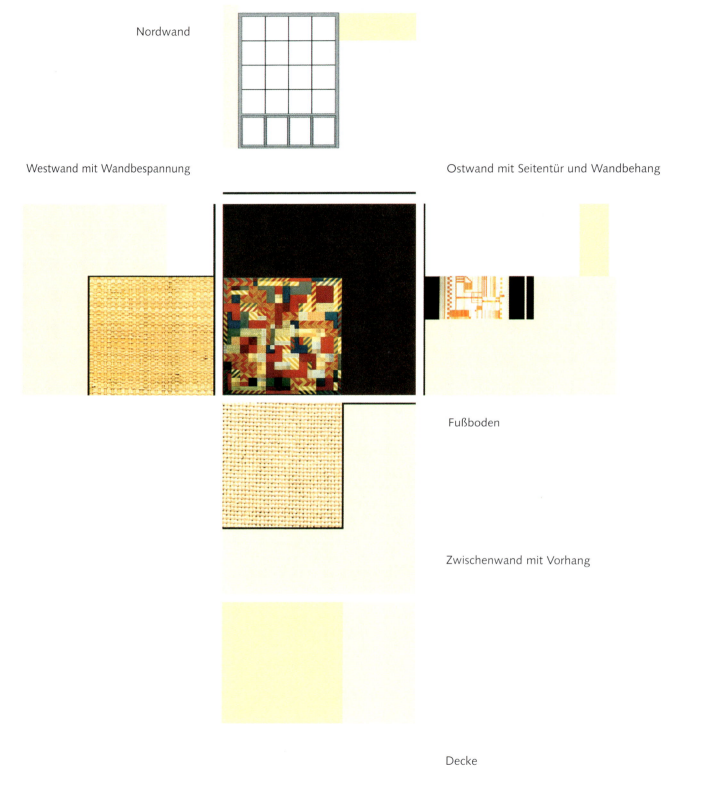

Nordwand

Westwand mit Wandbespannung

Ostwand mit Seitentür und Wandbehang

Fußboden

Zwischenwand mit Vorhang

Decke

An den Schad- und Fehlstellen in den Wandbereichen wurden lediglich restauratorische Sicherungs- und Ausbesserungsmaßnahmen durchgeführt. Nach traditioneller Vorbehandlung des Farbuntergrundes erfolgten die Anstriche auf der Basis von Leimfarben.

Zwischenwand	Die Fläche der Zwischenwand ist in den Farben Beige/Ocker gehalten, die Fuß- und Rahmenleisten sind dunkelbraun ausgeführt. An der Zwischenwand befindet sich ein Vorhang, der analog zum Wandteppich von Else Mögelin aus einer groben Seide mit Kett- und Schußfäden aus unregelmäßig gesponnenen Fäden mit Einschlüssen (Kokonresten) besteht. Bei der Gewebestruktur handelt es sich um eine einfache Leinwandbindung mit ca. 65 Fäden auf 10 cm, welche in Farbe und Struktur der angrenzenden Wandbespannung aus Bastmatten ähnelt. Da ein vergleichbarer Stoff seit Ende der 80er Jahre nicht mehr im Handel erhältlich ist, mußten die für das Zimmer benötigten Vorhangbahnen von Hand nachgewebt werden. Der Vorhang besteht aus nur zwei Bahnen in einfacher Öffnungsbreite, so daß er geschlossen keinen Faltenwurf bildet. Die beiden Vorhangbahnen können über einen einfachen Seilzugmechanismus unabhängig voneinander von der Mitte aus zur Seite gezogen werden. Dies entspricht exakt den Untersuchungen der Quellen.
Westwand	Die obere Wandfläche ist in Beige/Ocker gehalten, die untere (hinter dem Eckregal) in Mittelgrau. Fuß- und Rahmenleisten sind ebenfalls dunkelbraun ausgeführt. Ein Teil der Westwand ist mit einer Wandbespannung versehen, die aus Naturbastgewebebahnen in unterschiedlicher Struktur und Tönung besteht. Gemäß der Befundanalyse handelte es sich um handgewebte Bastmatten, wie sie auch im Dessauer Gropius-Zimmer verwendet wurden und dort wieder zum Einsatz kamen. Bei der Rekonstruktion in Weimar wurde die Bespannung wieder mit einem ähnlichen Material aus Madagaskar ausgeführt. Wie beim Vorhang in der Zwischenwand wird die bespannte Wandfläche durch eine umlaufende Rahmenleiste (5 x 5 cm) begrenzt.
Nordwand	Die Wandfläche ist ab Höhe Fensterbrett von der Ecke der Westwand zum Fenster beige/ocker gehalten, in Höhe der oberen Fensterfelder läuft vom Fenster zur Ecke der Ostwand ein Streifen in kräftigem Gelb, alle anderen Flächen sind mittelgrau. Die Fensterleibungen sind in der jeweilig ankommenden Wandfarbe gestrichen. Die Restaurierung des Fensters erfolgte im Rahmen der für das gesamte Gebäudes generell vorgesehenen Konzeption (Restaurierung der historischen Fensterprofile und Beschläge sowie Verglasung mit extradünnen Isolierscheiben. Die Oberflächenstruktur der äußeren Scheibe entspricht der ursprünglichen Einscheibenverglasung.) Die später eingefügten zusätzlichen inneren Holzfenster wurden wieder entfernt. Die Farbgebung ist gemäß Befund kräftiggrau. Beim Einbau des Eckregales nach der Bauhausausstellung 1923 war das innere Fensterbrett bis auf 1,22 m von der Ecke der Westwand wandbündig abgetrennt worden, der restliche Überstand muß zu einem späteren Zeitpunkt ebenfalls abgeschnitten worden sein. Dieser Bereich im Anschluß an das Eckregal wurde wieder ergänzt.
Ostwand	Von der Nordost-Ecke bis zum Türblatt bzw. bis zu der künstlichen Putzkante sind die Farben der Nordwand weitergeführt (mittelgrau mit kräftig gelbem oberem Streifen, aufgeputzte Wandfläche bis zur Zwischenwand – beige/ocker, Fußleisten und Fuß- und Kopfbretter der Tür – dunkelbraun). Bei der in der gegenüberliegenden Wand ausgebauten Vierfüllungstür handelt es sich um die Originaltür zu der hier noch vorhandenen freigelegten Türöffnung zum ehemaligen Vorzimmer. Diese Tür ist mit neuem Türfutter und neuen Bekleidungen in ihrer ursprünglichen Lage wieder eingebaut worden. Das für den Wandbehang erforderliche glatte Türblatt besteht, ebenfalls wie die beiden Kopfbretter darüber, aus einer beidseitig mit Birke-Sperrholzplatten verleimten Holzrahmenkonstruktion. Der Drehpunkt des Türblattes entspricht exakt der noch im Fußboden vorhandenen Gelenkpfanne und ermöglicht einen Türaufschlag von etwas mehr als 90°. Die Türnische hinter dem Mögelin-Wandbehang wurde einschließlich Türfutter und -bekleidungen analog zu den sich auf dem originalen Türblatt befindlichen Befunden durchgehend in einem kräftigen Rot gestrichen.
Fußboden	Beim Fußboden handelt es sich um den wieder freigelegten originalen Lärche-Dielenboden aus der Bauzeit mit verdeckter Nagelung. Die durch zwischenzeitlich aufgebrachte Fußbodenbeläge entstandenen Beschädigungen der Holzdielen (Fehlstellen, nachträgliche Nagellöcher) wurden vor dem Neuanstrich entsprechend ausgebessert. Es wurde nach der Befundlage ein deckender Fußbodenanstrich in Caput mortuum dunkel verwendet. Darauf liegt der Wollteppich – der dem von Benita Otte nachgestaltet ist – in den Farben Rot, Gelb, Blau, Violett, Grau.
Decke	Die Decke war in drei Felder gegliedert: Das quadratische Feld über der Grundfläche des Kubus wurde in einem zur Grundfläche passenden komplementären kräftigen Gelb gestaltet (wie der Streifen in der Nordostecke), das rechteckige Feld parallel zur Fensterwand erhielt wie die Fensterwand einen mittelgrauen Anstrich, und das rechteckige Feld vor der Ostwand mit Putzvorlage wurde wie die angrenzende Wandfläche beige/ocker gestrichen. Der Deckenputz aus jüngerer Zeit war völlig schadhaft und mußte generell erneuert werden, wobei die Wandanschlüsse im Gropius-Zimmer wieder rechtwinklig, wie zur Bauhausausstellung 1923, ausgeführt worden sind.

Die Trennwand

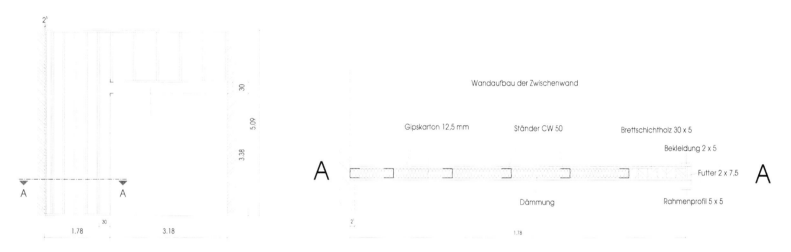

Die Art der historischen Konstruktion der Trennwand ist nicht bekannt, so daß diese in einer zeitgemäßen Ständerprofilwand mit einer Verstärkung aus Brettschichtholzbohlen ausgeführt wurde.
Die Stärke der Trennwand sowie die genaue Position innerhalb des Raumes konnte vom Restaurator jeweils an den Wandanschlüssen ermittelt werden.

Die Seitentüren

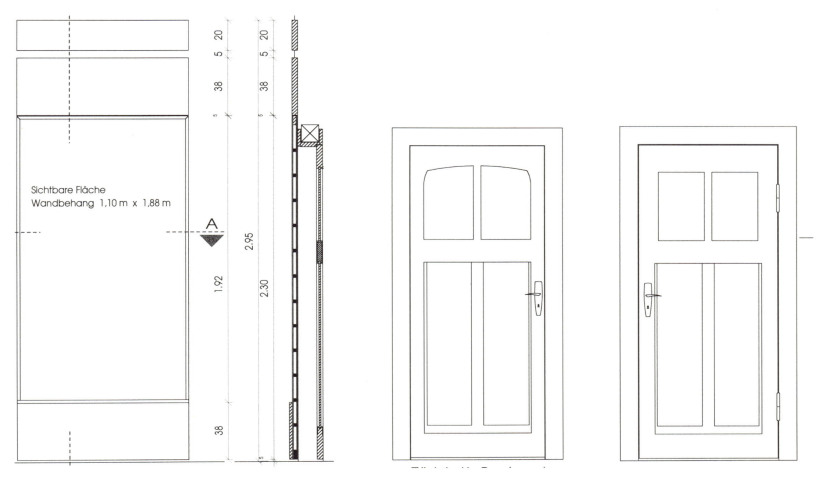

Konstruktionsdetails der Türen zum ehemaligen Vorzimmer
Die beiden oberen Füllungen wurden auf der Seite zum ehemaligen Vorzimmer um 1923 mittels eingeleimter Holzkeile begradigt.

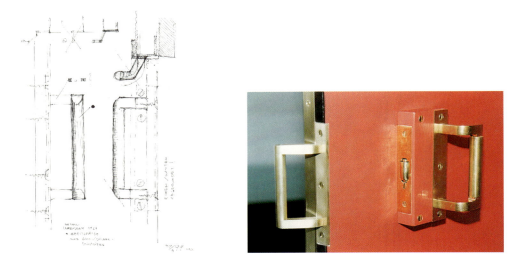

Rekonstruktionszeichnung des äußeren Türgriffs und die Rekonstruktion

Die Beleuchtungsanlage

Die Hängeleuchte von Gerrit Rietveld, die Wand- und Deckenleuchten im Haus Am Horn und die Hängelampe im Itten-Raum sind Beispiele für die damalige Anwendung von Soffitten. Im Gegensatz zur Rietveld-Leuchte, welche als Hängeleuchte in beliebigen Räumen Anwendung finden kann, steht die Soffitteninstallation im Gropius-Zimmer unmittelbar mit der Raumkomposition im Zusammenhang. Die Isometrie verdeutlicht, wie die Beleuchtungsanlage zusammen mit dem Teppich und den Wandleisten die Raumkanten des inneren Kubus bildet.

Bei der Ermittlung der genauen Maße der Soffitten fiel auf, daß die senkrechte, mittlere Soffitte wahrscheinlich um 2 cm länger und im Durchmesser etwas stärker war als die sonst verwendeten Soffitten. Diese 33 cm lange Lampe ist heute nicht mehr erhältlich. Deswegen mußten für die gesamte Installation 31 cm lange Soffitten verwendet werden.

Das Direktorenzimmer war 1924 neben der fest installierten Soffittenbeleuchtung nachträglich mit zwei Wagenfeld-Tischleuchten ausgestattet worden. Es handelte sich um Modelle mit Metallfuß und zwei unterschiedlichen Glasschirmen. Analog dazu wurden im rekonstruierten Gropius-Zimmer wieder Tischleuchten aus heutiger Produktion aufgestellt.

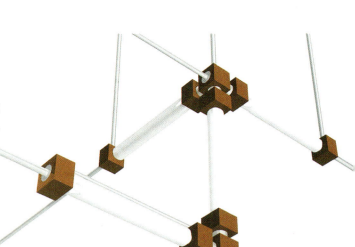

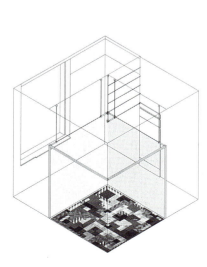
Isometrie zur Soffitteninstallation

Beleuchtungsanlage, Sommer 1923

Wagenfeld-Leuchte auf dem Gropius-Schreibtisch

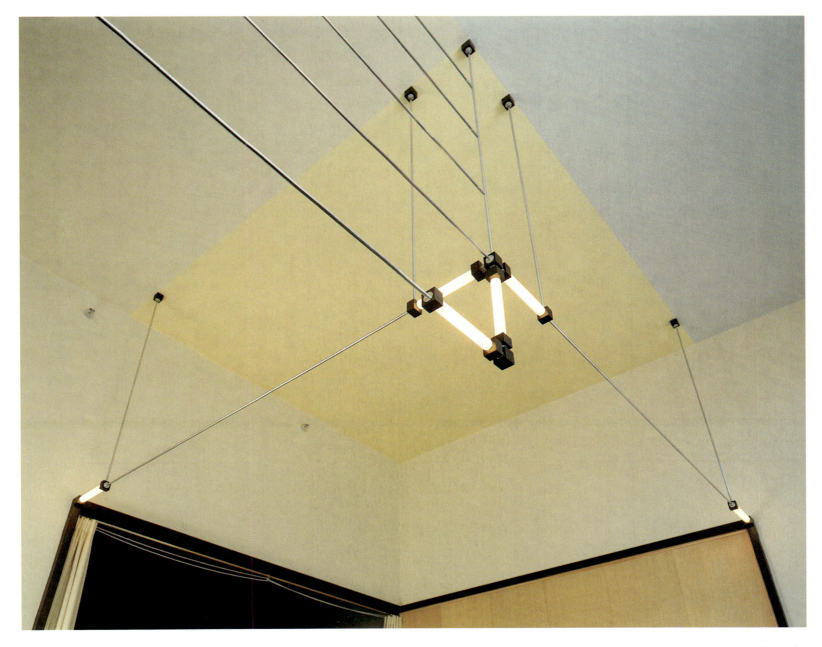

Die Rekonstruktion, Foto von Falko Behr

Der Schreibtisch

Bei seiner Übersiedlung in die USA nahm Gropius seinen Schreibtisch, der schon im Weimarer Direktorenzimmer gestanden hatte, mit. Er steht heute noch im ehemaligen Wohnhaus von Gropius in Lincoln, Mass./USA.

Die Kugelgriffe an den Schubkästen gab es in Weimar noch nicht, ursprünglich ließen sich die Schubkästen nur mit dem Schlüssel aufziehen. Es ist zu vermuten, daß die Kugelgriffe bereits in Dessau ergänzt worden sind, da sie sich auch an den Wandschränken des Direktorenzimmers in Dessau befinden.

Planung und Ausführung eines Nachbaus erfolgten für das Bauhaus Dessau nach dessen Angaben von der Firma DW Hellerau im September/Oktober 1996. Die Ausführung der Glasablage wurde beim rekonstruierten Weimarer Schreibtisch nach Untersuchung der Bildquellen leicht korrigiert. Der Korpus des Schreibtisches ist Kirschbaum natur, Gestell bzw. Rahmen wurden in Kirschbaum, rotbraun gebeizt, ausgeführt.

Schreibtisch mit Sessel auf dem Otte-Teppich im Gropius-Zimmer 1923

Das Original im Haus Gropius, Lincoln Mass./USA, um 1980

Computersimulation

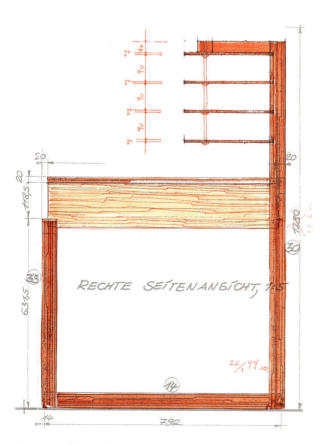

Rekonstruktionsskizze

Foto des Sessels im Direktorenzimmer in Weimar 1923

Foto des Sessels mit Friedrich Köhn in Dessau, um 1928

104

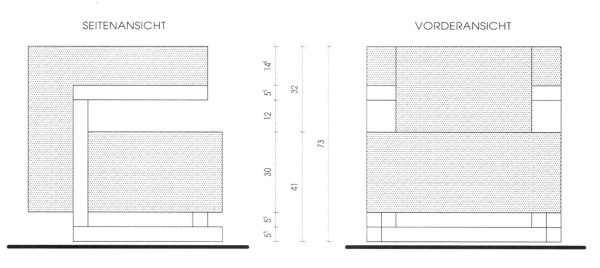

Zeichnungen zur Rekonstruktion

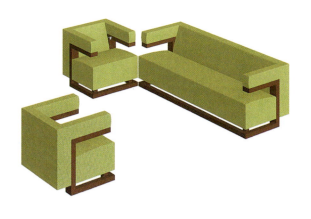

Sessel und Sofa

Durch Berichte zweier Zeitzeugen ist bekannt, daß schon 1920/21 wenigstens ein Sessel der gleichen Art existiert hat: So erinnert sich Alfred Arndt, wie er 1921 an das Bauhaus in Weimar kam und Gropius das erste Mal begegnete: „ich wurde angemeldet und gleich eingelassen. mit einer verbeugung nannte ich meinen namen und erklärte, daß ich in der kantine gesessen und mich ein bekannter aufgefordert hätte, hier zu bleiben. 'na ja', meinte er und drückte mich in einen mordspolstersessel – eckig und gelb, …"[1] In einem Brief schrieb Erich Brendel in Erinnerung an seine Studienzeit am Bauhaus: „… Ich sah die neuen gelben Sessel erstmals etwa im Frühjahr 1920 …"[2] Es bleibt ungewiß, ob es sich bei diesen Sesseln tatsächlich bereits um die im späteren Gropius-Zimmer gehandelt hat. Da es zu dieser Zeit am Bauhaus noch keine Tischlerei gab, kann angenommen werden, daß es sich um private Möbel von Gropius handelte. Dafür spräche auch, daß diese Sessel in keiner Inventur des Bauhauses aufgeführt sind.

Wie auch beim Schreibtisch ist das Gestell der Sessels und des Sofas aus Kirschbaum, rotbraun gebeizt. Bezogen sind die Polstermöbel mit zitronengelbem Wollstoff, und sie verfügen über eine werkgerechte Federkernpolsterung.

Der Wollstoff wurde in der Handweberei Loheland nachgewebt und besteht aus nicht ganz glatt ausgesponnener Wolle mit einer Köperbindung entsprechender Gratstruktur. Die Farbe weist drei Schattierungen mit unregelmäßigen Schußbahnen auf.

1) Neumann, E.: Bauhaus und Bauhäusler, Bern und Stuttgart 1971, S. 38
2) Erich Brendel an Axel Bruchhäuser, TECTA Möbel, Juni 1985; Kopie Kunstsammlungen zu Weimar

Federkernpolsterung der Rekonstruktion, 1999

Die Regale

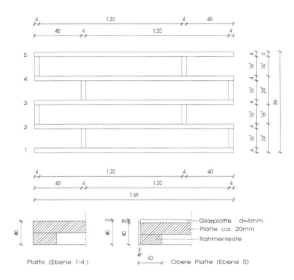

Zeichnungen zur Rekonstruktion

Das Zeitschriftenregal im Direktorenzimmer in Weimar 1924

106 Im Direktorenzimmer in Weimar befanden sich zwei Zeitschriftenregale (Oberfläche Kirschbaum, rotbraun gebeizt). Ein ähnliches Regal wurde später in Dessau hergestellt und 1960 vom Bauhaus-Archiv Berlin erworben, wo es noch heute steht. Für die Rekonstruktion in Weimar wurden Gestaltungsprinzip und Details übernommen, aber die Maße des Dessauer Regals unterschieden sich, insgesamt ist es kleiner. Die endgültigen Maße der Zeitschriftenregale im Gropius-Zimmer wurden aus der Raumgeometrie und verschiedenen bekannten Details angrenzender Bauteile sowie durch Ausmessung des Fotos ermittelt.

Vom Eckregal ist nur ein Foto bekannt. Es bestand wahrscheinlich aus zwei unterschiedlich tiefen Regalelementen, welche als eingebautes Eckregal am Standort zusammengesetzt worden sind. Die Tiefe des Eckregales wurde beim damaligen Einbau entgegen der Darstellung der Bayer-Isometrie auf die Tiefe des Heizkörpers korrigiert. Im Bereich unter dem Fenster war das innere Fensterbrett wandbündig abgeschnitten worden, damit das Regal mit seiner Rückseite bis an die Außenwand gerückt werden konnte. Das Regal selbst besaß keine eigene Rückwand. Die Ausführung des rekonstruierten Eckregales erfolgte wie vermutlich auch bereits 1923 mittels Tischlerplatten. Es wurde bauseits mit einem hellgrauen, matten Farbanstrich von Hand versehen, wie auch der benachbarte Heizkörper.

Eckregal 1925, Fotoausschnitt mit Maßlinien

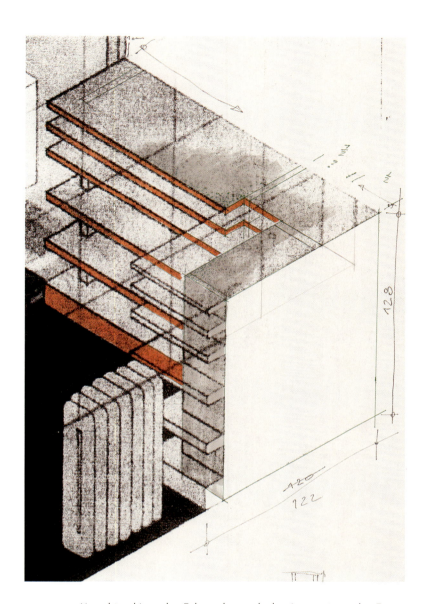

Korrekturskizze des Eckregales nach der Auswertung des Fotos

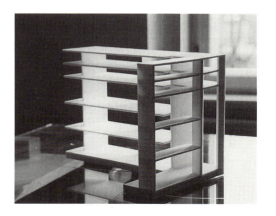

Arbeitsmodell zur Rekonstruktion

Prototypen

Es gibt keinen Hinweis (Foto oder Beschreibung) dafür, daß Beistelltisch oder Schreibtischstuhl jemals gebaut wurden. Wegen der Herstellung nach der Bayer-Isometrie kann man also von Prototypen sprechen.

Der Beistelltisch ist furniert (Deutscher Nußbaum) und rotbraun gebeizt. Der Schreibtischstuhl hat ein rotbraun gebeiztes massives Kirschbaumgestell und ist mit zitronengelbem Wollstoff wie Sofa und Sessel bezogen.

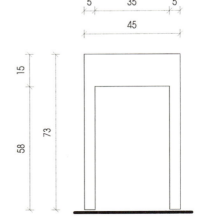
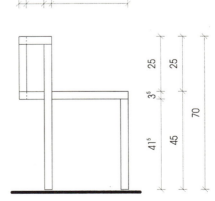

Beistelltisch und Schreibtischstuhl – Computersimulationen und Konstruktionszeichnungen

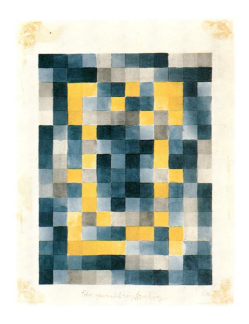

Teppichentwurf von Gertrud Arndt, 1924

Knüpfteppich von Benita Otte 1923; Smyrnawolle. Rot-gelb-blau-violett-grau; 315 x 315 cm. Foto 1923/24

Wollproben des Teppichs von Gertrud Arndt

Der Fußbodenteppich

Der Teppich von Gertrud Arndt soll Ende 1924 fertig geworden sein. Seine Größe von 1,80 m x 2,40 m entwickelt sich aus gleichgroßen Quadraten von 15 x 15 cm. Die farbliche Differenzierung entsteht durch jeweils vier abgestufte Grau-, Blau- und Gelbtöne. Im nachcolorierten Foto von Ende 1924 (siehe Seite 22r) sind die übrigen Farben auf den Teppich abgestimmt und entsprechen nicht der Bayer-Isometrie sowie dem Befund. Die Fußbodenfarbe erscheint grau-beige statt in dunklem Caput mortuum. Die Deckenfarbe Rot als Komplementärkontrast ist nur passend zum Arndt-Teppich (Blau + Gelb = Grün).

Die Rekonstruktion konnte auf folgende Fakten aufbauen:

In der Privatsammlung E. von Schenk zu Schweinsberg in Fronhausen befindet sich eine Knüpfprobe (ca. 40 x 40 cm) mit einem bis dato nur am Gropius-Zimmer-Teppich von Benita Otte verwendeten Muster: kleine quadratische Reihen und Gruppen, in größeren Flächen zusammengefaßt. Die Farbe der klaren roten Flächen ist ein dunkles Caput mortuum. Es handelt sich bei diesem Exemplar möglicherweise um eine Studie für den Teppich im Direktorenzimmer.

Der ursprünglich rotbraune Farbanstrich des Fußbodens ist im Zusammenhang der Bauhaus-Ausstellung 1923 durch einen leicht violett-stichigen weiteren Deckanstrich korrigiert worden (Caput mortuum dunkel). Dieser Farbklang entspräche den Farbangaben zum Otte-Teppich. Es ist anzunehmen, daß man im Nachhinein versucht hat, zu dem fertig ausgebreiteten Otte-Teppich eine bessere Farbharmonie herzustellen.

Die von Nicola Sansò verwendeten 7 Farben entsprechen gemäß Pantone Textile folgenden Farbmustern: 18-1725 / 18-1631 TP erdrot, 18-4217 TP blaustein, 16-1324 / 16-1326 TP lerche / präriesand, 13-0915 TP schilfgelb, 14-6305 TP pelikan, 17-0000 TP frostgrau, 18-1630 / 17-1532 TP staubige Zeder.

Eine Rekonstruktion in klassischer Knüpftechnik hätte nach Expertenmeinung einen Zeitaufwand von ca. 1200 Stunden erfordert. Innerhalb des zur Verfügung gestellten Zeit- und Kostenrahmens wurde der Teppich deshalb in Handtufting-Technik hergestellt. Bei dieser Technik werden die Garnschlaufen unter Verzicht auf die Knotung mit Hilfe eines von Hand geführten Werkzeugs dicht in ein Grundgewebe eingearbeitet. Zur Fixierung des Garns wird die Rückseite nachträglich mit Naturlatex beschichtet und so auch rutschfest gemacht. Die Oberfläche unterscheidet sich nicht von der traditionell geknüpfter Teppiche.

Knüpfprobe von Benita Otte 1923; Foto 1999

Übertragung des Teppichmusters im Maßstab 1:1 durch Nicola Sansò, der rekonstruierte Teppich im Studio Aphorisma

Die Farbrekonstruktion des Teppichs von Benita Otte

Nachdem ich diesen Auftrag erhalten hatte, habe ich durch Lektüre und visuelle Informationen versucht, mich in die Arbeit von Benita Otte und in das Milieu des Bauhauses hineinzudenken. Auf der Grundlage des Schwarzweißfotos, das die Farben des Teppichs als verschiedene Grauwerte wiedergibt, habe ich versucht, vorläufige Farbidentitäten festzulegen. Doch die Starrheit des Fotos in Schwarz und Weiß ließ mich zu keinem überzeugenden Ergebnis gelangen. So begann ich, Farbmuster zu erstellen, indem ich meiner Intuition folgte und mich auf die Farbangaben stützte: gelb, rot, blau, violett, grau.

Aus der Vielfalt der erstellten Muster habe ich eine Tabelle mit sieben Farben ausgewählt.

Dank der Lektüre von Scheerbarts „Architektur des Glases" habe ich den Teppich von Benita Otte wie eine Kristalloberfläche gesehen, die das Licht von unten mit einer Vielzahl von Farbfragmenten bricht. Die entscheidende Frage zur Rekonstruktion der Farben des Teppichs war die des Lichtes und der Lichtdurchlässigkeit.

In der Malerei hat Klee in jenen Jahren gezeigt, wie man den Effekt der Lichtdurchlässigkeit durch das Übereinanderlegen zweier oder mehrerer Schichten von mehr oder weniger aufgelösten Farben erreicht. Je transparenter die Farbschichten sind, desto sichtbarer wird die Untergrundfarbe. Auf dem Teppich von Benita Otte findet diese Theorie in zweierlei Hinsicht Anwendung: Erstens durch die Überlagerung von Linienbündeln verschiedener Färbung, die sich auf einem überwiegend hellen Untergrund kreuzen. Zweitens, indem sich Linien unterschiedlicher Farben im Inneren ein und derselben Form abwechseln, wobei eine der Farben die Untergrundfarbe darstellt. So erlangt der Teppich mehr Tiefe und zusammen mit der Bewegung von diagonal verlaufenden Formen und Linien eine Komplexität, die ihm noch heute seine Wirkung verleiht.

Der Wechsel von der Knüpftechnik zum Handtufting hat Variationen in der Struktur des Teppichs mit sich gebracht, die aber dessen Formkonfiguration nicht verändert haben. Auf seiner Oberfläche verläuft das Licht nie in durchgehender Linie, sondern in kleinen Strichen, die in ihrer Gesamtheit die Textur bilden, die durch das Handtufting feiner und kompakter ist und weniger klumpig erscheint.

Es ist zu hoffen, daß der Teppich im ehemaligen Büro von Walter Gropius jene zentrale Funktion als Symbol der Einheit eines „rekonstruierten" Raumes wiedererlangen kann.

Nicola Sansò 1999

Farbentwurf zur Rekonstruktion des Otte-Teppichs von Nicola Sansò

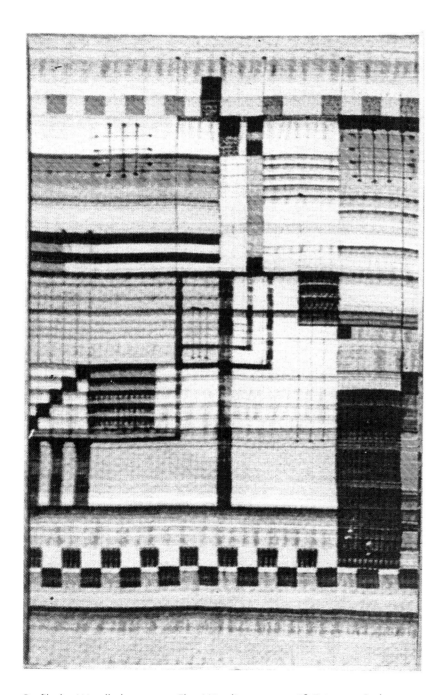
Grafik des Wandbehangs von Else Mögelin 1923 gemäß Foto von Ende 1924

Der Wandbehang

Der auf dem nachcolorierten Foto dokumentierte Wandbehang (siehe Seite 22r) erscheint in den Farben Beige, Rot und Braun bis Schwarz. Nachdem von Frau Roswitha Zirk, einer Nichte Else Mögelins, bereits der Hinweis gekommen war, daß Else Mögelin nach ihrer Kenntnis nie in solchen düsteren Farben gearbeitet hätte, fand sich bei weiteren Nachforschungen ein Manuskript mit einer authentischen Beschreibung der ursprünglichen Farben dieses Wandbehanges: „… weißer Seidenbehang mit eingelegten Linien und Rechtecken in zarten gold, lichtrot und gelb …" (vgl. Anm. 33, S.18) Für die Rekonstruktion des Wandbehanges konnte Brigitte Schirren gewonnen werden, welche durch ihre langjährige direkte Verbindung zu Else Mögelin über ein umfassendes Detailwissen zu deren Arbeiten verfügt. In den fünfziger und sechziger Jahren hatte sie als Webmeisterin teilweise gemeinsam mit ihr einige Entwürfe realisiert. Die beschriebenen Farbtöne waren bekannt und konnten gemeinsam mit dem Studio Aphorisma, der dokumentierten Schwarzweißfotografie entsprechend, zugeordnet werden. Die perspektivische Ansicht wurde zu diesem Zweck entzerrt und als Frontalansicht in den realen Proportionen ca 1,15 x 1,90 m dargestellt. Die Ausführung der Rekonstruktion erfolgte im Studio Aphorisma durch die Weberin Anna Silberschmidt.

Brigitte Schirren auf dem Arm von Else Mögelin, 1934. Rechts mit Anna Silberschmidt bei der Arbeit, Sommer 1999

Gewebte Farbe – Die Farbrekonstruktion auf dem Wandteppich von Else Mögelin

Auch die Erforschung der Farben auf dem Wandteppich von Else Mögelin, die ich gemeinsam mit Brigitte Schirren und Anna Silberschmidt durchführte, gab viele Rätsel auf.

Nach vielen Überlegungen begriff ich, daß ich Abstand vom eigenen Standpunkt gewinnen und – soweit wie möglich – die Dinge mit den Augen von Else Mögelin sehen mußte. Dabei war die Anwesenheit von Brigitte Schirren von grundlegender Bedeutung, da sie als Schülerin von Else Mögelin eine direkte Informationsquelle mit lebhaftem Erinnerungsvermögen darstellte.

Die dringende Frage, die sich uns stellte, war: Wie wird das rote Licht, wie wird das Gold, wie das Gelb gewesen sein, wo und wie waren sie im Muster des Wandbehangs verteilt?

Der Wandteppich entwickelt sich von unten, ausgehend von einem waagerechten Band aus Linien, die Quadrate einschließen, wie die Steine eines antiken Mosaiks. Vom mittleren Teil aus verläuft eine Linie, die senkrecht nach oben steigt und sich etwa in der Mitte in eine Reihe von gekreuzten und parallelen Linien verzweigt, die mich spontan an den „Lebensbaum", ein Mosaik im romanischen Stil des 12. Jahrhunderts, das sich auf dem Boden der Kathedrale von Otrano in Pulien befindet, denken ließ. Intuitiv zog ich den Schluß, daß die Farbe des „Lebensbaumes" in seiner symbolischen Bedeutung nur rot sein konnte. So begann die noch nicht klar definierte Farbe auf der Textur des Gewebes langsam zum Vorschein zu kommen.

Das rote Licht von Else Mögelin verzweigt sich aufsteigend, bildet Bächlein von Linien und verblaßt nach oben hin, in Richtung Gelb und Gold, in Richtung der Farbe des Lichtes, in Richtung der Farbe, die Licht ist. Die Texturfarbe erhielten wir, indem mehrere Seidenfäden unterschiedlicher Farbtöne miteinander verflochten wurden. So entstand eine transparente, unbeständige und schillernde Farbe, die in Richtung Gelb geht. Die Gewebestruktur unterstreicht diese Charakteristika. Trotzdem ist ihre Transparenz, das Rot, eine Farbe, die noch an die Erde, an ihren mineralischen Ursprung gebunden ist. Im Kontakt mit Gelb und Gold verliert sie teilweise diese mineralische Konnotation, fährt aber fort, Energie und Erstaunen zu übertragen.

Das Weiß hingegen ist die Farbe des Lichtes, von dort kommt das Licht. Dieses Weiß, das von Zeit zu Zeit mit dem Gelb vermischt ist, strahlt Licht aus und läßt die Formen des Dessins erkennen, die sich im Gegenlicht abzeichnen. Das Weiß stellt so die Farbe eines leeren und dynamischen Raumes dar, die in einer harmonischen Einheit Linien und Formen des gesamten Wandteppichs verbindet und zusammenfügt.

Auch das Gold, im Spiel der Kontraste zwischen durchscheinenden und lichtdurchlässigen Materialien verwoben, übt die Funktion eines großen symbolischen Rahmens aus. In seinem seidigen Widerschein sah Else Mögelin vielleicht die Lebensräume wiederhergestellt, die sie hatte zerbrechen sehen.

Langsam haben wir das Rätsel der Farben gelüftet. Das Gewebe nimmt die Form einer Erzählung an, es wird ein Text erzeugt, der zu uns spricht über den Fluß der Gedanken und Gefühle, die den Wandteppich erzeugten. Die fertige Rekonstruktion kann sich endlich wieder mit all den Phantasien bevölkern, die sie umhüllt hatten.

Nicola Sansò, 1999

Der rekonstruierte Wandbehang

Walter Gropius

Am 18. Mai 1883 in Berlin geboren.

1903	Beginn des Architekturstudiums in München. Praktikum in Berlin
1905–1907	Fortsetzung des Architekturstudiums an der Kgl. TH Charlottenburg
1907–1908	Studienreise nach Spanien
1908–1910	Assistenz im Büro von Peter Behrens
1909–1914	Eigenes Architekturbüro in Neu-Babelsberg, später in Berlin-Wilmersdorf, Mitarbeit Adolf Meyer
1914–1918	Kriegsdienst
1918	Mitglied des Arbeitsrates für Kunst
1919–1925	Direktor des Staatlichen Bauhauses in Weimar Verlegung des Architekturbüros nach Weimar Formmeister der Tischlerei (1922–1925)
1925–1928	Direktor des Bauhauses in Dessau Verlegung des Architekturbüros nach Dessau
1928–1934	Privates Architekturbüro in Berlin
1934–1937	Privates Büro in London; Zusammenarbeit mit Maxwell Fry
1937–1952	Professur für Architektur, ab 1938 Leitung der Architekturabteilung an der Graduate School of Design an der Harvard University, Cambridge/Mass. USA
1946	Gründung der Architektengemeinschaft „TAC"

Am 5. Juli 1969 in Boston gestorben.

Benita (Koch)-Otte

Am 23. Mai 1892 in Stuttgart geboren.

1911–1913	Zeichenlehrerseminar in Düsseldorf. Staatliche Abschlußprüfung
1915	Staatliche Prüfung als Handarbeitslehrerin am Lette-Verein Berlin
1915–1920	Lehrerin an der Städtischen Höheren Mädchenschule in Uerdingen/Rhein
1920–1925	Staatliches Bauhaus Weimar: Unterricht bei Itten und Klee Webereiwerkstatt bei Muche und Börner (WS 1920/21–SS 1925) Färbereikurs an der Textilschule in Krefeld (März 1922)

	`Fabrikantenkursus` an der Seidenwebschule in Krefeld (1924)
1925–1933	Fachlehrerin und künstlerische Leitung Werkstatt für Handweberei an der Kunstgewerbeschule Burg Giebichenstein, Halle/Saale
1933	Entlassung aus dem Lehramt. Übersiedlung nach Prag. Gemeinsame Arbeit mit Heinrich Koch
1934–1957	Leitung der Weberei an den Bodelschwinghschen Anstalten in Bethel
1937	Meisterprüfung vor der Handwerkskammer in Bielefeld
1957–1969	Nach der Pensionierung weiterhin therapeutische Arbeit. Entwurfsarbeiten in der Weberei

Am 26. April 1976 in Bethel gestorben.

Else Mögelin

Am 20. April 1887 in Berlin geboren.

1906	Kunsterzieherexamen in Berlin
1906–19	Kunsterzieherin in Berlin, freie Malerei und Frescostudien
1919–1923	Staatliches Bauhaus in Weimar:
	Unterricht bei Itten und Klee
	Metallwerkstatt bei Slutzky
	Keramische Werkstatt in Dornburg bei Marcks
	Weberei bei Muche und Börner (April 1921–März 1923)
	Hamelner Töpferei
1923–1927	Eigene Werkstatt für Stoffe, Teppiche und Bastelarbeiten in Gildenhall bei Neuruppin
1927–1945	Leiterin der Textilklasse an der Werkschule für gestaltende Arbeit in Stettin
1945–1952	Leitung der Webklasse an der Landeskunstschule in Hamburg
1952	Pensionierung. Freie Arbeiten in Malerei und Weberei

Am 31. Dezember 1982 in Kiel gestorben.

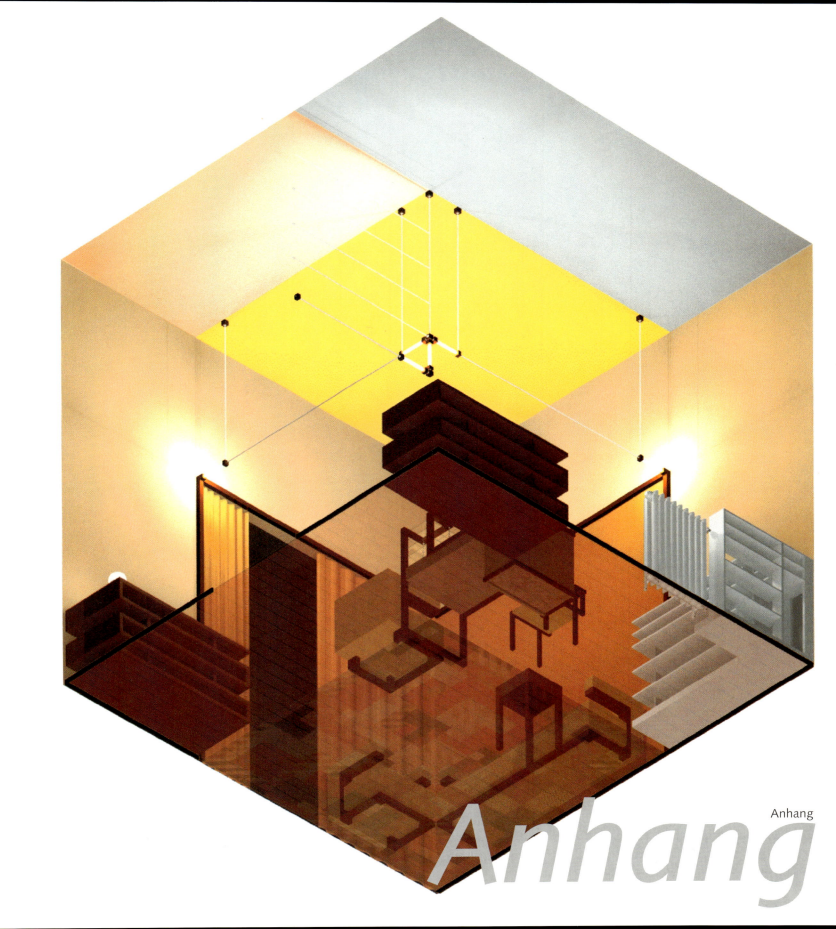

Anhang

Darstellung des Direktorenzimmers in der Literatur

Veröffentlichungen des Staatlichen Bauhauses Weimar

Staatliches Bauhaus Weimar 1919–1923.
Weimar/München 1923
Abbildung:
Arbeitsraum Entwurf W. Gropius. Zeichnung H. Bayer, (Farbtafel XII)

Neue Arbeiten der Bauhauswerkstätten. Bauhausbücher Nr. 7.
München 1925 (Buch wurde im Sommer 1924 zusammengestellt)
Abbildungen:
W. Gropius: Schreibtisch mit Glasregal. Kirschbaum. Sessel Kirschbaum. Zitronengelber Wollstoff (S. 13)
W. Gropius: Polstersessel. Kirschbaum. Zitronengelber Wollstoff (S. 16)
W. Gropius: Regal. Kirschbaum mit Spiegelglasplatte (S. 17)
W. Gropius: Direktionszimmer im Weimarer Bauhaus. 1923 (S. 19)
W. Gropius: Beleuchtungskörper aus Soffittenlampen. Die Zuleitungen in Aluminiumröhren gliedern den Raum (S. 70)

Bauhausrezeption – erste Titel

Bayer, Herbert; Gropius, Walter; Gropius Ise (Hrsg.): *Bauhaus 1919–1928.*
1. Aufl. New York 1938, 2. Aufl. Boston 1952 (Abb.-Nr.), 3. Aufl. Stuttgart 1955
Abbildungen:
Walter Gropius: Weimar Bauhaus. Direktor´s room 1923 (S. 42)
Walter Gropius: Lithing fixture of tabular bulbs. Wired trough thin aluminiumtubes 1923 (S. 54)
Design for a study. Drawing by Herbert Bayer 1922 (S. 74)

Wingler, Hans Maria: *Das Bauhaus 1919–1933.* Weimar Dessau Berlin,
1. Aufl. Bramsche 1962, 2. erw. Aufl. Bramsche 1968 (Abb.-Nr.), 3. Aufl. Bramsche 1975
Abbildungen:
Walter Gropius: Zimmer des Direktors im Weimarer Bauhaus. 1923 (S. 238)
Walter Gropius: Mäanderförmiger Zeitschriften-Ablagetische. Kirschbaum und Spiegelglasplatte. Hergestellt in der Bauhaus-Tischlerei (S. 238)
Walter Gropius: Schreibtisch (Kirschbaum) mit Glasregal, daneben gepolsterter Sessel. Hergestellt von Studierenden. 1923 (S. 303)
Walter Gropius: Gepolsterter Sessel. Kirschbaum, zitronengelber Bezugsstoff. Gefertigt von Studierenden. 1923 (S. 303)

Schmidt, Diether: *bauhaus.* Dresden 1966
Abbildung:
Walter Gropius. Zimmer des Direktors im Weimarer Bauhaus, 1923. (Abb. 1)

Schädlich, Christian: *BAUHAUS WEIMAR 1919–1925.* 1. Aufl. Weimar 1979, 2. Aufl. 1980 (Abb.-Nr.), 3. Aufl. 1988 (Tradition und Gegenwart. Heft 35)
Abbildung:
Zimmer des Direktors im Hauptgebäude. Entwurf von Walter Gropius, ausgeführt durch die Bauhauswerkstätten. 1923 (Abb. 29)

Beschreibungen – Bewertungen

Probst, Hartmut, Schädlich, Christian: *Walter Gropius, Werkverzeichnis Bd. 2.* Berlin 1987, S. 140 f.

Jehle-Schulte Strathaus, Ulrike: „Gropius´ Direktorenzimmer – Bildstrategie eines Interieurs". In: Wyss. B. (Hrsg.): *Bildfälle. Die Moderne im Zwielicht.* Zürich/München 1990, S. 82–87

Weber, Klaus: „Kunst – Geistwerk – Handwerk. Die Werkstätten in den ersten Jahren des Bauhauses. (‚Itten-Raum')" In: *Das frühe Bauhaus und Johannes Itten. Ausstellung Weimar 1994.* Stuttgart 1995, S. 228–229

Jaeggi, Annemarie: *Adolf Meyer – Der zweite Mann.* Katalogbuch zur Ausstellung am Bauhaus-Archiv, Berlin 1994, S. 443 f.

Winkler, Klaus-Jürgen: *Moderne in Weimar 1919–1933 – Bauhaus, Bauhochschule, Neues Bauen.* Kunstführer, Weimar 1995, S. 41 f.

Verzeichnis der an der Rekonstruktion beteiligten Firmen

Planung und Bauleitung
Architekt Dipl.-Ing. Gerhard Oschmann,
Waltershausen / Marburg

Farbfassungsuntersuchungen,
Restauratorische Arbeiten und Wand- /
Deckenanstriche
Restaurierungsatelier COREON, Elxleben

Einbau der Trennwand
Fa. Canzler, Weimar

Restaurierung u. Einbau der hist. Türen
Bautischlerei Wiegand, Großbreitenbach

Neues Türblatt mit Kopfbrettern für den
Wandbehang, neue Fuß- und Rahmenleisten,
Schreinerarbeiten
Klaus Willing, Herrenhof

Deckenputz
Fa. B & V Hoch-, Kabel- u. Tiefbau GmbH,
Apolda

Reparatur des Dielenbodens
Bauhof Weimar GmbH, Nohra

Fußbodenanstrich
Malerbetrieb Möller, Gotha

Wandbespannung
Architektur und Baurestaurierung, Peter
Schleicher, Friedrichroda

Vorhang
Architektur und Baurestaurierung, Susanne
Schleicher, Friedrichroda

Vorhangstange und Zugvorrichtung, Messing-
rahmen und -griff der neuen Durchgangstür
Metallgestalter Hans Reiche, Gospiteroda

Bauhaus-Türgriffe
Fa. P. Bisschop GmbH, Velbert

Beleuchtungsanlage
Rohrsystem und Verbindungselemente
Metallgestalter Olaf Beck, Allendorf-Nordeck
Fertigung der Fassungen
Gerald Wiggershaus, Heichelheim
Montage und Elektroinstallation
Elektromeister Peter Schleicher, Friedrichroda
Lieferung der Soffitten
Radium Lampenwerk, Wipperfürth

Wagenfeld-Schreibtischleuchten
TECNOLUMEN, Bremen

Türbeschläge, Dorn und Pfanne, Abhängung
der Glasböden des Gropius-Schreibtisches
Metallgestalter Olaf Beck, Allendorf-Nordeck

Restaurierung des Gliederheizkörpers
Konrad Eberhardt, Weimar

Herstellung des Schreibtischstuhles
Fa. Kusch + Co, Hallenberg

Möbeltischlerarbeiten, Fertigung der übrigen
Möbel
Fa. Berge GmbH, Gerstungen

Herstellung der Glaselemente
Flachglasschleiferei Siegfried Hildenhagen,
Tabarz

Polstererarbeiten
Raumausstatter Roland Müller, Herleshausen

Rekonstruktion des Mögelin-Wandbehangs
Studio Aphorisma Anna Silberschmidt,
S. Pancrazio – Toscana
Brigitte Schirren, Bordesholm, Panzano –
Toscana

Rekonstruktion des Otte-Teppichs
Studio Aphorisma Nicola Sansò, S. Pancrazio
– Toscana

Herstellung des Vorhang- und
Möbelbezugsstoffes
Handweberei Loheland Barbara Nüchter,
Künzell

Besonderer Dank für die moralische und wissenschaftliche Unterstützung

Frau Ati Gropius Johansen, Stanfordville, New York
Bauhaus-Archiv Berlin
Kunstsammlungen zu Weimar
Stiftung Bauhaus Dessau, Sammlungen
Frau Prof. Dr. Magdalene Droste
Herr Prof. em. Dr. Christian Schädlich

Nachweise

Abbildungen

Bauhaus-Archiv, Berlin ©: S. 22 l. (Foto Lucia Moholy ?), S. 25 (107 l.), S. 37 M. (Foto Erich Consemüller), r. o. (Foto Lucia Moholy), 110 o., 111 o., 118

Bauhaus-Universität Weimar, BH-Bildarchiv ©: BH-Alben: S.11, 13, 19 o., u.; 21, 33, 35 (Foto Staatliche Bildstelle Berlin), 37 l. o., o. M.; 41, 42, 43 o, o. M., o. r.; u.; 100 (Foto Staatliche Bildstelle Berlin), 102 l. (Foto Hüttich-Oemler, Weimar), 104 l., 106, 110 l., S. 118 o.
Bodelschwinghsche Anstalten, Bethel: S. 119 u.
Falko Behr, Erfurt, Fotos: S. 85, 86, 87, 88, 101, 117
Susann Vollrath, Zeichnungen: S. 16, 40, 44, Mareile Wenzel, Büro Oschmann, Revisionszeichnung: S. 63

Stiftung Bauhaus Dessau, Sammlungen: S. 104 o. r.

Restaurierungsatelier Coreon, Christian Kirsten: S. 65, S. 70 o. l., o. r.; 71 o. l., o. r.; 72 o. l., o. r.

Gerhard Oschmann, Marburg/Wahlwinkel: S. 91, 94, 95 u., 96, 98, 99, 100 o., u. l.; 103 l., r.; 104 u., 105 o., u.; 106 o. r., 107 o.,r. u.; 109 o. l., o. r., u. l., u. r.; 111 u., 112 o. l, o. r.; 121

Nicola Sansò, Florenz: S. 113 u., 115 r.

Christian Schädlich, Weimar: S. 77, 78 l. u. r., 102 r.

Brigitte Schirren, Bordesholm/Panzano: S. 115 l.

Van de Velde-Sammlung: S. 36 o. M.

Klaus-Jürgen Winkler, Erfurt: S. 49, 76, 73

Reproduktionen

Staatliches Bauhaus in Weimar 1919–1923. Weimar, München 1923. Isometrie, gezeichnet von Herbert Bayer: S. 7, 37, (108, 91)

Neue Arbeiten der Bauhauswerkstätten. München 1925. Bauhausbücher 7: S. 22 r.

Das Versuchshaus des Staatlichen Bauhauses Weimar. München 1925. Bauhausbücher 3: S. 35 o. l.

Blaser, Werner: *Ludwig Mies van der Rohe.* Basel: S. 37 r. u.

De Stijl 6 (1923) 3/4: S. 36 r. u.

Maßsystem und Raumkunst. Das Werk des Architekten, Pädagogen und Raumgestalters J. L. M. Lauweriks. Buch zur Ausstellung in Krefeld, Hagen und Rotterdam 1987/88. Krefeld 1987: S. 36 u. M.

Varnedoe, Kirk: *Wien 1900. Kunst, Architektur, Design.* Köln 1993: S. 36 u. l.

Konstruktivistische Internationale 1922–1927. Buch zur Ausstellung in Düsseldorf und Halle. Stuttgart 1992: S. 37 u. l., u. M.

Jahrbuch des Deutschen Werkbundes 1912. Jena 1912: S. 36 l. M.

Jahrbuch des Deutschen Werkbundes 1915. München 1915: S. 36 M.

Prospekt der Firma Feder. Berlin (um 1929): S. 37 r. M.

Idee und Aufbau des Staatlichen Bauhauses in Weimar. München, Weimar 1923. Sonderdruck: S. 28

Erich Mendelsohn: Bauten und Skizzen. In: Wasmuths Monatshefte für Baukunst, 1924. S. 36 o. r.

Texte

Die Texte im 2. Teil von Nicola Sansò sind leicht gekürzte Originalbeiträge. Übersetzung aus dem Italienischen: Jeske, Gera